• 개정증보판 •

반드시,
윤석열

국민이 부른 대통령
국민이 지킨다

◆ 초판본과 개정 증보판 내용을 구분하기 위해 개정 증보판의 추가한 글들은 2도로 편집디자인을 하여 독자들의 이해를 돕고자 합니다.

◆ 본문에 사용된 신문기사는 〈다른 사람의 저작물을 이용한다면 허락을 얻어야 하나(저작권법 제46조), 저작권법은 '공표된 저작물은 보도·비평·교육·연구 등을 위하여는 정당한 범위 안에서 공정한 관행에 합치되게 이를 인용할 수 있다'라고 규정하고 있다〉라는 한국저작권위원회의 저작권 상담 답변에 따라 출처를 모두 밝혔고, 독자들의 쉬운 이해를 돕기 위해 당시 기사 일부만 발췌하였습니다.

발췌한 조선일보, 동아일보, 중앙일보, 뉴스 1, 뉴시스, 연합뉴스, 세계일보, TV조선 등 여러 언론사에 거듭 감사를 드립니다.

'그래도, 윤석열'에서
이제는 '반드시, 윤석열'을 외친다

우리 국민들은 지금, 1948년 대한민국 건국 이후의 헌정사나 사법 역사상 상상조차 해본 적 없는, 현직 대통령 구속이라는 현실을 지켜보고 있습니다.

온 국민이 선거로 뽑은 최고의 선출직 공직자인 대통령이 헌법에 규정된 대통령 권한과 절차에 따라 비상계엄을 선포했던 것임에도 그 이유 하나로, 야당의 의원총회나 다름없는 국회에서 조사 및 청문절차 하나 없이 졸속으로 탄핵소추를 강행하여 대통령의 직무와 권한이 정지되었습니다.

그리고 또한 마치 누군가의 지령을 받은 듯이 움직였던 수사기관들의 광기어린 내란몰이 수사와 우리법연구회 출신 일부 판사들의 야합으로 엄연히 현직 대통령 신분임에도 구속영장이 발부되는 바람에 안타깝게도 현재 구금된 상태에서 형사재판과 헌법재판소의 탄핵심판을 동시에 받고 있는 상황입니다.

반면에 그런 상황에서도 윤 대통령에 대한 국민 지지율은 계엄 전보다 오히려 더 높아져 50%대까지 치솟고 있고, 한겨울 강추위 속에 전국 각 지역에서 열리고 있는 탄핵 반대 집회에는 남녀노소 할 것 없이 정말 수많은 시민이 참여해 탄핵 반대를 연호하고 있습니다.

많은 국민들이 계엄선포 초기에는 다소 놀라고 당황했었지만, 시간이 지남에 따라 윤 대통령이 계엄을 선포한 이유와 배경 등을 알게 되면서 윤 대통령을 지지하며 계엄 요인을 만든 야당의 탄핵 몰이를 극력 반대하는 쪽으로 국민적 여론이 급속도로 형성된 것입니다.

특히 감동적인 것은 그동안 정치나 사회 현실에 대체로 무관심했던 2030 청년들이 이제 계엄령을 '계몽령'으로 부르며 자신들이 대통령을 지키겠다고 나서고 있습니다. 국민변호인단에 연일 뜨거운 참여 열기가 모이고 있는 것이 그 분명한 증거입니다.

이처럼 전 세대 계층의 국민들이 뭉치고 다시금 인식하게 된 바와 같이 거대 야당인 민주당이 지배하는 국회는 윤 대통령 취임 후 2년 7개월간의 재임 기간 중 무려 29차례나 탄핵을 남발했습니다.

또한 야당 자신들이 정권을 잡았을 때는 통과시킬 생각도 못 했던 양곡법, 노랑봉투법 같은 악법들을 일방 통과시켜 대통령의 거부권 행사를 사실상 유도하는가 하면, 윤 대통령의 중점 추진 사업관련 예산 등을 모조리 삭감하는 등 정부가 사실상 어떤 일도 할 수 없게 만드는 패악을 끊임없이 집요하게 저질러 왔고, 최근 수년간 우리 사회에 만연한 종중(從中) 종북(從北)세력은 노골적으로 대한민국 근본 가치인 자유민주주의 가치를 파괴하고 있습니다.

그리고 지난 2020년 제21대 총선 이후 많은 국민들이 부정선거를 의심할 수밖에 없는 많은 증거가 나오고, 특히 2023년 가을 국정원의 선관위 전산시스템 점검 결과 투개표 데이터의 조작과 연결될 수 있는 해킹에 매우 취약한 문제가 드러났음에도 선관위는 모르쇠와 소극적 태도로 일관하여 국민적 분노와 불신이 극에 달한 상황입니다.

윤 대통령은 이러한 국가적 위기 상황 요소들을 계엄의 요건 즉 전시, 사변에 준하는 국가비상사태로 판단하고 이를 계엄의 형식을 빌려서라도 국민들에게 알리고 호소하고자 계엄을 선포하게 되었고, 이제 그런 고뇌의 동기나 배경이 널리 인식되고 있습니다.

특히 윤 대통령은 비상계엄을 선포하게 된 중요 동기의 하나로, 야당의 이적(利敵)탄핵 시도, 즉 감사원에서 문재인 정부의 안보라인이 경북 성주군에 설치된 사드관련 기밀을 중국에 유출한 이적행위를 감사 진행하자, 야당이 이를 막을 의도로 감사원장을 탄핵소추안을 상정한 것을 언급한 바도 있습니다.

여기서 우리는, 윤 대통령이 이 정도로 극심했던 국가적 비상 위기 상황을 주권자인 국민들에게 알리기 위해 계엄선포를 할 경우, 야당에 의해 대통령직 탄핵소추까지 당할 수 있음을 예상하면서도, 그것을 각오하고 자신을 던지는 계엄을 결단하게 된 그의 소신과 내면을 제대로 알아야 한다고 생각합니다.

그런 생각에서 저는 3년 전 대선 당시 검찰총장 출신인 윤석열 대통령 후보가 어떤 사람인지 일반국민들에게 알리고자 저가 가진 경험과 지식을 토대로 부족하나마 만들었던 '그래도, 윤석열'이란 책을 일반국민들과 특히 2030 청년들이 다시 읽어보게 되면 상당한 도움이 되겠다는 생각을 했고 그래서 탄핵 심판 막바지이지만 긴급히 개정증보판을 내게 되었습니다.

즉 이 책은 윤 대통령이 취임후 계엄선포 전까지 대통령으로서 해온 일이나 업적을 소개하려는 책이 아니고, 윤 대통령이 대선에 나서기 전까지 학창시절과 검사 재직시에도 한결같이 지키고 간직해온 소신과 원칙, 자유민주주의에 대한 신념 등을 알리기 위한 내용의 책입니다.

출판 당시 책 제목을 '그래도, 윤석열'로 정했던 이유는 당시 저로서는, 대선을 불과 두 달 앞둔 상황에서, 평생을 검사로서만 일해온 정치 초년생 윤석열 후보가 정치 경험 등 측면에서는 일부 부족함이 있다 하더라도 분명한 자유민주주의 국가관을 가지고 확고한 소신과 원칙을 지켜온 점에서 후보들 중에 '그래도, 상대적으로 최고의 후보'라는 것을 국민들에게 겸허한 자세로 설명하기 위한 의도 때문이었습니다.

그러나 개정증보판의 책 제목은 현재 윤 대통령이, 야당과 좌파 반국가세력의 패악질로부터 자유민주주의를 지키고 나라를 구하고자 계엄을 선포하였다가 내란몰이와 탄핵 공작의 위기에 처해 있지만, 이 위기를 반드시 극복하고 하루빨리 대통령 직무에 복귀하여야 하며, 또한 그렇게 될 것을 믿기에 **'반드시, 윤석열'**로 고쳐서 냅니다.

지금 절대다수의 국민들과 특히 현실에 눈뜬 2030 청년들은 지금, 야당과 좌파세력의 추악한 정치공작이 만들어낸 내란몰이와 사기탄핵, 그리고 불법과 불공정으로 점철된 헌법재판소의 탄핵 심판절차에서 정의의 길을 걷는 윤 대통령이 반드시 이겨서 직무 복귀하게 되기를 간절히 원하고 있습니다.

탄핵 심판을 하는 헌법재판관들도 지혜로운 국민들이 예리하게 심판과정을 다 지켜보고 있다는 사실, 국내는 물론 해외에서도 들불같이 일어나고 있는 탄핵 반대의 열망과 민심을 분명히 알아야 할 것입니다.

책의 부제는 국민변호인단이 정한 표어이기도 한 **'국민이 부른**

대통령, 국민이 지킨다'로 정했습니다. 그 제목처럼 국민들이 윤 대통령을 지킬 것입니다.

  끝으로 이 책의 인세 전액과 출판사의 판매수익금 일부는 이번 계엄 정국에서 윤 대통령에 대한 공수처의 불법 수사와 관할위반 영장 청구를 방임하고 사실상 조장하다시피 한 서울서부지방법원의 잘못된 처사에 대해 의로운 분노로 항거하다가 안타깝게도 구속되거나 재판을 받고 있는 애국 시민들과 청년들을 돕는 일에 사용하고자 합니다.

2025년 2월

저자 석 동 현

겸손한 정부,
겸손한 대통령이 되기를 바라며…

이 책은 평생 검사의 길을 걷다가 갑작스럽게, 마치 운명과도 같이 갑자기 최고의 정치인이자 국민의 지도자 직분에 도전하게 된 인간 윤석열의 면모와 리더십을 일반 국민께서 이해하시는 데 조금이라도 도움을 드리고 싶어 준비했습니다.

저는 윤석열 후보를 1979년 3월 서울대 법과대학 입학 동기로 처음 만난 이래 지금까지 존경하고 아끼는 친구로 지내면서, 그의 소탈한 사람 냄새와 또 늦깎이로 검사가 된 뒤에도 자유민주주의 철학과 공정과 상식에 입각한 소신을 지키기 위해, 때로는 순탄한 공직생활을 마다하고 고심하고 고난을 겪기도 했던 시절을 계속 지켜봐 온 사람 중 한명입니다.

제1부에서는 비록 극히 일부밖에 묘사하지 못하겠지만 제게 떠오른 몇 가지의 단상들을 정리하는 형식으로 윤석열 후보의 됨됨이를 진솔하게 적어 보았습니다.

제2부는 제가 지난 2년간 저의 페이스북에 썼던 글 중에 윤석열 후보와 관련된 내용을 고른 것입니다.

즉, 윤석열 후보가 검찰총장 재직 중 살아있는 거대한 골리앗 같은 현 정권에 맞섰던 과정과 전격 사퇴, 그리고 정치 입문, 그 과정에 숱하게 드러났던 문재인 정권의 위선과 수많은 내로남불 현상을 지켜보면서 같은 시대를 살아가는 지식인, 같은 검사 출신 법조인의 한 사람으로 느꼈던 생각을 적었던 글들입니다.

처음부터 책으로 만들자고 쓴 글이 아니어서 두서가 부족하고 투박합니다만, 국민의 부름을 받아 정치에 뛰어든 윤석열 후보가 정치 경험 부족으로 인해 때로는 실수를 하는 부분이 있다고 해도, '**그래도, 윤석열**'인 이유를 알리기 위해 그때그때 제가 페이스북에 썼던 글을 가감 없이 실었습니다. 아무쪼록 제가 글을 쓴 당시의 시각으로 전후 상황과 맥락을 이해해 주시기 부탁드립니다.

제3부는 '윤석열의 리더십'에 대해 우리 시대 최고의 정치평론가인 고성국 박사와 유튜브 〈고성국 TV〉에서 대담 형식으로 생각을 나눈 후 글로 정리하였습니다. 윤석열 후보 자신도 모를 수 있는 그만의 리더십에 대해 어느 정도 정리가 된 것 같습니다.

마지막 부분, 부록 편에는 윤석열 후보가 검사 시절부터 품어왔고, 또 앞으로도 실천해 갈 '공정과 상식'이라는 그의 확고한 소신과 철학을 독자 여러분들이 이해할 수 있도록 2019년 7월〈검찰총장 취임사〉, 2020년 8월 〈신임 검사 당부 연설문〉, 2021년 6

월〈정치 출마 선언문〉 그리고 2021년 11월 5일의〈국민의 힘 대선 후보 수락 연설문〉을 함께 실었습니다. 저는 그런 글을 거의 모두 윤 후보가 누구 시키지 않고 직접 쓴 것이라 확신합니다. 왜냐하면 제가 아는 한, 그 내용들은 모두 평소 그의 생각이고, 지론이기 때문입니다.

비록 책 제목에 '윤석열'이란 이름을 걸긴 했지만, 윤석열 후보의 남달랐던 인간미와 뚝심, 그만의 특별한 향기, 그가 가고자 하는 대통령의 길에서 국민들에게 보여줄 비전과 리더십을, 이 한 권의 책으로 모두 설명하기란 불가능한 일입니다.

다만, 이제 대선이 불과 두 달도 남지 않은 시점에, 국민들께서 윤석열 후보가 어떤 사람이고 국민들의 지도자가 되기에 족한지 등등 궁금증이 아직 많아 보이는 점을 생각할 때, 오랫동안 윤석열 후보를 친구로 지켜봐 온 저가 이런 책자형식으로라도 소개해 드리는 것이 도리라고 생각했습니다.

이 책을 통해서 윤석열 후보가 30년 가까이 검사로 재직하는 동안 절제된 삶으로 정치의 입김에 휘둘리지 않으면서 권력의 불의와 불공정에 치열하게 맞서왔던 승부사의 기질과 카리스마, 늦은 결혼 후 반려견들을 자식 삼아 일상의 행복을 즐겨온 사연과, 마치 삼국지의 관우처럼 굵고 너그러운 인성과 소통 능력 등 대통령이 되기에 아무런 모자람이 없는 그의 인간적 매력을 조금이라도 느끼신다면, 저로서는 정녕 기쁨일 것입니다.

아울러 저로서는 윤석열 후보가 어쩌면 얼마든지 안락할 수 있었던 평범한 삶을 마다하고 공정과 상식이 중시되는 세상을 만들기 위해 국민의 부름을 받아 대권에 도전하게 된 이상, 상식이 있는 국민이라면 누구나 열망하는 정권교체를 반드시 이룬 다음, 새로운 시대정신에 맞게 '겸손한 윤석열 정부, 겸손한 윤석열 대통령'이 되어주기를 바라는 마음 간절합니다.

2022년 1월
희망이 되어주는 사람
석 동 현

• CONTENTS •

PART 2 · 그래도, 윤석열

1. 손발은 묶어도 소신은 묶지 못한다.

2. 검찰총장을 정치로 내모는 세월

PART 1

내 친구 석열이

고시를 9수까지
한 것은 불가사의

．．．
    석열이와 제가 속한 서울법대 79학번 동기들 중 사법시험에 가장 많이 붙은 때는 졸업하던 해, 그러니까 제가 합격했던 25회였습니다. 그때가 1983년으로 30명가량 합격했고요. 대학 4학년 때인 24회에 제일 먼저 합격한 친구들이 16~17명 됐고, 졸업한 다음 해 26회에서도 약 스무 명 정도 됐으니까 동기들 중 절반가량이 그때 거의 붙었다고 할 수 있습니다.

    그런데 석열이는 4학년 때부터 치면 9수에 해당하는 33회로 합격을 했으니 많이 늦었지요. 동기들 간에는 불가사의 중 하나였습니다.

    제가 아는 석열이가 절대로 동기들 중에 아는 것이나 공부 자체가 부족했던 친구는 아니거든요. 그런데 사법시험도 결국 시험일 뿐인데, 석열이의 경우에는 마치 학위 논문을 쓰듯이 너무 학구적으로 깊이 파다가 미역국을 많이 먹었던 게 아닌가 생각됩니다.

법대 동기들 중에 아주 우수한데도 이상하게 계속 실패하다가 결국 영영 다른 길로 접어든 친구들이 더러 있거든요.

어떻든 지금 생각해보면 그렇게 고시에 계속 낙방하고 늦게 붙는 고난을 통해 석열이가 많은 인내심을 배우고 좌우를 둘러보면서 일찍 합격한 친구들보다 훨씬 인생에 대한 여유를 가지게 된 것, 그런 것이 법조인 생활을 하면서도 상당히 도움이 되었을 것이며 특히 지금 대통령이라는 최고의 선출직에 도전하는 데 있어서도 그런 역경이 큰 밑천이 되지 않을까 생각됩니다.

▶ 1979년 SUS 3월 대학 1학년 봄 MT때. 제일 왼쪽이 저, 그 옆이 석열이. ⓒ 석동현

▶ 1979년 SUS 3월 대학 1학년 봄 MT때. 제일 왼쪽이 저, 그 옆이 석열이. ⓒ 석동현

▶ 1979년 3월, 졸업식 날. 뒷줄 가운데가 석열이 ⓒ 석동현

윤석열이냐,
윤석렬이냐?

．．．
　석열이 이름에 관해서 사람들이 윤석열이냐, 윤석렬이냐를 놓고 말들이 있었습니다만, 정확한 것은 윤석'열'입니다. 한자 자체가 '기쁠 열(悅)'자이므로, 두음법칙에 관계없이 '열'로 적고 '열'로 읽어야 맞습니다. 그래서 정확한 이름은 윤석열인데, 간혹 무심히 그냥 우리가 읽는 대로 적다 보니까 '렬'로 잘못 적는 경우가 생기는데요.

　서울법대 37회 졸업앨범에도 이름 끝자가 '렬'로 오기 되어 있습니다. 이것은 전적으로 저의 책임인데, 왜냐하면 저희 79학번이 1983년도에 법대를 졸업할 때, 졸업 직전에 그 앨범 편집을 제가 맡아 진행했기 때문입니다. 그때 졸업앨범에 학사모 쓴 사진 밑에는, 다른 졸업앨범과 달리 이름뿐만 아니라 독특하게 제 아이디어로 생년월일과 출신 고등학교까지 표시했습니다.

　그렇게 하느라고 제가 학적부를 일일이 확인하는 과정에서 정

윤석렬 1960.12.18
충암고

석동현 1960.7.10
부산동고

▶ ⓒ 석동현

말 믿기 힘들겠지만 2년 동안 저희와 학교생활을 같이 하면서 함께 수업도 받고 심지어 수학여행도 같이 간 가짜 학생 하명을 찾아내는 사건(?)이 생기기도 했지요.

그 소식에 놀란 석열이는 우리보다 나이가 몇 살 많았던 그 가짜 학생을 찾으러 신림동을 뒤졌다는 후문도 언론에 기사화 된 적이 있었습니다.

뿐만 아니라, 저희가 2013년도에 법대 졸업 30주년 행사를 했습니다. 그때도 제가 아이디어를 내서 30년 동안 변화된 여러 가지 모습을 담아 '졸업 30주년 기념 앨범'을 만들었는데, 거기에도 '열'이 아니라 '렬'로 오기가 되어 있습니다. 하여튼 일을 하다 보면 항상 이렇게 부분적인 실수가 나온다는 걸 다시 한번 실감하게 됩니다.

석열이가
법률 외에도 좀 아는 것

$\cdots$
석열이는 평생 검사로 남의 잘못을 찾아내어 벌 받게 하는 것을 업으로 살아 온 사람이니, 혹시나 너무 검사스럽다거나 '법' 이외의 분야에는 무지한 외골수가 아닌가 하는 선입견을 가진 분들도 적지 않을 것입니다.

물론 서울대 법대를 나와 일찍 사법시험 합격하고 법조인이 된 사람들 중에 진짜 '법'만 아는 사람들도 더러 많지만, 그러나 석열이는 다릅니다.

'법' 이외에 석열이가 조금 잘하는 분야 중 첫째는 '요리'입니다. 물론 요리사 자격증은 없습니다. 그러나 얼마 전에 SBS TV〈집사부일체〉라는 방송에서 보여준 것처럼 요리 솜씨나 관심은 수준급인데요. 저는 못 가봤지만, 대학교 다닐 때부터 이미 친구들을 집에 불러 직접 요리해 준 적도 많다고 하더라고요. 지금 잘 나가는 분들 중 석열이가 직접 요리한 음식을 먹은 이들도 많습니다. 최근까지도 석열이가 사는 집 근처 슈퍼나 마트에서 장을 보러 온 석열이를 보신 분들도 더러 계실 것이고, 집에서 키우는 반려견이나 반려묘도 가끔 본인이 직접 식사를 만들어 준다고 합니다.

둘째로 석열이는 부친이 경제학 교수라는 점도 있지만 '경제'에 대해서 매우 박식합니다. 국내에서 손꼽히는 경제 통계학자이신 부친 밑에서 자라면서 시장경제 원리에 관한 본능적 감을 익혔고, 또 평소 상당한 독서를 통해 미국 중앙은행(미국 FRB), 미국금융제도, JP모건 체이스, 세계 각국의 화폐전쟁 등등 많은 분야에 대한 상당한 내공을 쌓은 친구입니다.

그리고 '역사' 분야에도 밝습니다. 고시공부 할 시절부터 역사책을 꾸준하게 읽은 것으로 익히 알려져 있습니다. 특히 십자군 원정, 로스차일드 가문, 아인슈타인, 비스마르크, 히틀러, 나폴레옹, 프랑스 혁명 등등과 관련해서 얘기를 나눈 적이 있는데 석열이는 그런 주제에 대해 언제 다 알았는지 몇 가지 단순한 팩트만 얘기하는 것이 아니라 여느 역사학자처럼 커다란 역사적 맥락과 세계사적 의미, 인류 문명에 미친 영향까지 줄줄 얘기하는 것에 저가 놀랐던 기억이 새롭습니다.

늦깎이로
검사가 되었을 때

· · ·

석열이가 23기로 사법연수원을 마치고 초임 검사로 임관한 때가 1994년 3월인데 그때 대구지검이 그의 첫 근무지였습니다. 마침 저는 그 전 해인 1993년 3월에 네 번째 근무지로 대구지검에 먼저 부임해서 근무하고 있을 때였습니다.

석열이가 대구지검 검사로 부임했던 그해에 같은 기수로 사법시험에 합격한 '박 진'이라는 법대 저희 동기생도 같이 내려왔습니다. 그 친구도 굉장히 똑똑하면서도 석열이처럼 늦게 붙은 친구였는데, 대구에서 유명한 3부자 법조인의 차남으로 그해에 대구에서 변호사 개업을 했지요. 안타깝게도 그 친구는 지금은 병으로 유명을 달리한 상태입니다.

그런데 석열이처럼 늦깎이로 검사가 되면 검찰 조직 안에서 여러 가지로 굉장히 미묘한 관계가 종종 발생합니다. 즉, 대학으로는 몇 년, 심지어 6~7년 후배들이 이미 상석 검사, 선배 검사가 되어 있고, 검찰이 군대 다음으로 위계질서가 엄격한 상명하복의 문화이잖습니까? 대화 중 말 한마디에 약간 서먹해질 수도 있는 겁니다.

당시 대구지검에는 평검사들이 40여 명 정도 됐고, 저는 그중에 중상급 정도 경력의 총무기획검사로서, 중간 가교 역할을 하고 있을 때였습니다. 그래서 출발이 많이 늦은 석열이가 검사 생활에 적응을 할 수 있도록 제 나름대로 신경을 많이 썼습니다. 예컨대 석열이에게 나이는 어린, 대학 후배면서 상석인 검사에게 업무적으로 대화를 할 때 어떻게 상대하면 좋은지 이런 부분들을 조언했지요.

그런데 워낙 석열이는 그런 상황 적응 능력이 그때부터 아주 탁월한 친구였기 때문에, 스스로가 그러한 센스를 가지고 업무시간 중에는 후배들에게 깍듯하게 처신을 했고, 그 대신 저녁에 맥주 한잔을 할 적에는 본연의 선배 모습으로 돌아가서 완전히 술자리를 이끌어가는 그런 능숙함, 그래서 술도 많이 샀고, 그때도 총각이었으니까. 월급 전부를 자기가 마음대로 쓸 수 있다 보니 밥이나 술도 잘 샀던 것으로 기억됩니다. 가끔 저도 옆에서 한 번씩 추임새를 넣고 그렇게 하니까 서너 달도 안 가서 평검사들 사이에서 석열이는 거의 저와 같은 서열이 됐었던 기억이 납니다.

그때 윤 검사의 첫 부장님이 정상명 부장검사였습니다. 나중에 검찰총장이 되신 분이지요. 정상명 부장검사도 굉장히 인자하면서도 업무에는 엄격하고 강직한 성품이신데, 정 부장께서 저를 불러 "윤석열이란 친구는 어떤 놈이야? 뭐 하다가 이렇게 시험이 늦었어?"라고 물었을 때, 제가 고시가 늦게 된 과정이라든지 윤석열의 여러 가지 성품에 관한 것을 설명해 드렸던 기억도 엊그제 같습니다.

그래서 정상명 부장께서도 석열이를 참 많이 아꼈고, 그런 관계가 30년 이상 지속되면서 나중에 석열이가 50이 넘어서 늦장가를 갈 때는 주례까지 서 주셨지요. 그뿐만 아니라 정치를 시작한 지금까지도 그야말로 윤석열 후보에게 드러나지 않게 멘토 역할을 하시지 않나 짐작됩니다.

석열이가 처음 검사가 됐을 때만 해도 제 생각에 나이 등등을 따져봐서 검사장이 될 때까지 검사 생활을 할 수 있겠나 했는데, 검사장뿐만 아니라 검찰총장까지 되었으니 사람 일은 정말 알 수 없는 것입니다. 어쨌든 '될성부른 나무는 떡잎부터 안다'라는 속담처럼, 석열이는 비록 검사로서의 출발은 늦었지만, 처음부터 수사 등 업무능력이나 친화력 등 측면에서 남다른 모습을 보여줬다고 할 수 있습니다.

검사 생활 8년 만에
사표를 냈다가
다시 복직한 과정

. . .

석열이의 이력 중 특이한 부분 하나는 검사가 된 후 약 8년 정도 근무하고 검사직을 그만두었다가 1년여 만에 다시 복직하였다는 점입니다. 당시에는 그런 경우가 거의 없다시피 하였습니다.

예를 들어 생각해보면 늦깎이로, 대학동기들보다 8년 늦게 검사가 된 경우애 검사 생활이 7~8년 될 때까지는 나이 어린 대학 후배들이 이를테면 단순히 선배 검사 또는 상석 검사일 뿐인데, 7~8년이 지나면 나이 어린 그 후배들이 부장검사가 되고 그러면 그 후배들에게 사건 결재나 업무 지도를 받아야 하는 단계가 되지요. 그러면 본인도 불편하고 "부장도 나를 불편해하는구나."라는 생각이 들면서 많은 사람이 검사직을 그만두게 되죠.

석열이도 8년 차에 사표를 내고 검사를 그만둡니다. 일을 잘 못한다든지 어떤 문제가 생겨서가 아니라, 검사 시작 자체를 30대중반에 했으니까 그때 이미 40대 초반이 되어 검사를 그만두게 될것이잖아요. 그래서 저는 그 상황을 자연스럽게 보고 이제 변호사가 되면 아직 못한 결혼도 하고, 석열이는 스타일이나 언변이 뛰어나니 변호사 업무도 아주 잘할 친구라 생각했습니다.

그렇게 해서 석열이는 국내 3대 대형 로펌 중 하나인 법무법인에 들어가서 변호사 생활을 시작했는데, 한 1년 정도 했을 무렵, 다시 검사로 돌아오려고 한다는 얘기들이 들리기 시작하였습니다. 그런데 검사 생활을 마치고 개업하여 변호사를 하다가 다시 검사로 복귀하는 일이 지금도 흔치 않지만, 그때는 더 흔치 않았습니다.

그런데 석열이의 경우, 검찰 내에서 워낙 검사 시절에 쌓은 이미지가 좋았고, 1년가량 변호사를 하면서 개인 사무소를 차려 돈을 벼락같이 번 것도 아니고, 당시 이명재 검찰총장님을 비롯한 위아래에서 다 좋은 평을 해주시고, 저 역시도 -윤 검사는 기억 못 하겠지만- 그 당시 인사 부서에 복직에 유리한 의견을 주었습니다. 이를테면 변호사 경험을 쌓은 검사가 수사도 더 잘할 수 있다는 식으로 말이지요.

그렇게 해서 복직을 했는데 석열이는 나중에 본인이 다시 검사가 된 이유를 어딘가에서 설명하는 과정에서 이런 에피소드를 얘기하더라고요. '자기가 변호사로서 서울지검 특수부 등에 변호 업무를 위해 종종 가보면, 특히 특수부 검사들이 저녁 늦게까지 조사하고 하는 과정에서 수사관들이나 피조사자들을 위해서 곰탕이나 볶음밥, 짬뽕, 중국 음식들을 많이 시키니까 엘리베이터 안이나 복도에 좀 매캐한 음식 냄새가 나는데, 그 냄새가 그렇게 좋더라'는 겁니다. 표현이 참 재밌죠?

거기다가 석열이로서는 변호사로 돈을 벌고 피의자들 방어를 도와주는 것도 의미 있지만, 또 가끔은 소위 불의나 거악을 변호한다는 것에 따른 심적인 부담도 좀 느끼지 않았나 싶고, 그런 점 등이 다시 검사로 돌아오고 싶다는 생각을 하게 된 것 같아요.

그 1년 사이에 결혼을 하고 왔더라면 금상첨화였겠으나 여전히 결혼을 못 한 상태에서 다시 검사가 되었고, 그 이후부터는 계속 특수 파트에서 일을 많이 했는데, 그렇게 잦은 야근과 휴일도 없이 일을 하다 보니 결혼이 더 늦어진 것 아닌가 생각됩니다.

▶ 대학 3학년 때. 맨 뒷줄 오른쪽에서 두 번째가 석열이, 맨 앞줄 왼쪽에서 두 번째가 저. ⓒ 석동현

석열이가
늦장가를 가게 된 이유

· · · ·
  그렇게 해서 석열이는 나이 마흔넷에 다시 검사가 되었고, 그때부터 거의 계속 특수분야에 있었습니다. 우리나라에서 최근 한 20년 동안에 벌어진 검찰의 중요한 수사에는 석열이가 거의 참여했다고 보아도 크게 틀리지 않을 것입니다.

  특별수사라고 하는 것이 일반 형사 사건, 즉 경찰에서 넘어온 형사 사건 수사나 고소·고발사건 수사와 다른 것은, 수사의 범위나 수사의 대상 그리고 수사의 시점, 수사의 방법 이 모든 부분을 검사가 다 판단하고, 직접 해야 합니다.

  사건 관계인을 상대함에 있어서 어떤 때는 강하게 어떤 때는 좀 부드럽게, 어떤 때는 상대를 어르고 달래는 식으로 사람을 대하고, 그에게서 말하기 싫어하는 내용을 말하게 만드는 테크닉도 굉장히 요구가 되고요. 또 무엇보다 그 수사가 그냥 실적주의가 아니라 검찰이 수사를 하는 그 자체로서 사회에 던지는 메시지 영향

이런 부분에 대한 여러 가지 정책적 판단 능력도 필요한 것이 특별수사입니다.

그러니까 어설픈 검사가 직접 수사를 하게 되면, 완전히 들쑤시기만 하거나 여러 가지 물의는 많이 생기면서도 수사는 제대로 성과를 못 거두는 사례도 허다합니다.

대개 특별수사에서 조사받는 사람의 심경 변화 등 중요한 고비는 환한 낮보다 저녁 늦은 시간에 많이 생깁니다. 그러다 보니 정시 퇴근이란 생각도 못 하였지요.

이런 특별수사를 계속해 온 석열이로서는 결혼을 하려면 소개받은 여성과 데이트도 해야 되는데 맨날 야근을 하고 휴일도 없을 때가 많으니, 절대적으로 시간이 부족했을 것입니다.

결국 나이 50이 되어도 결혼소식이 들리지 않다보니까 우스갯말로 〈검사 총장〉이란 소리까지 들었습니다. 검찰총장이 아니고 검사 총장입니다. 〈검사 중 총각의 장, 최고령 총각 검사〉 이런 뜻입니다. 나이 50이 될 때까지 미혼이면, 검사 총장 후보가 될 만하죠? 석열이도 결국 우리 나이로 53세에 장가를 갔으니까, 그때까지는 당당한 검사 총장이었습니다. 어느 날, 윤석열 검사 총장이 장가를 간다고 하니까 검찰 주변에서 윤 총장을 아는 모든 사람들이 기쁜소식에 다 난리가 난 겁니다.

그렇게 늦장가를 간 처지에 결혼한 이듬해부터 국정원 댓글 사건 수사 문제로 지방으로 유배를 가는 고통까지 겪었으니 석열이의 심정은 어떠했겠으며, 당시 주변의 동료들도 대단히 안타까운 미안한 마음이 들곤 했습니다.

검찰 특수통의
전설

　우리가 검사 윤석열을 이야기할 때, 빠지지 않는 것이 바로 특수통이라는 수식어입니다. 보통 검찰에서 분야가 특별수사· 직접수사를 많이 한 부서인 특수부에서 주로 경력을 쌓은 사람을 특수통, 공안 부서는 공안통, 그다음에 같은 맥락에서 기획통, 형사통 이런 말도 쓰는데 석열이는 검사 초반 4~5년을 빼면 거의 특수부에서 일을 했기 때문에, 말하자면 특수통입니다.

　얼마 전까지도 대개 검사들이 가장 선망했던 것은 특수통 아니면 공안통이었습니다. 그런데 몇 년 전에 먼저 정치권 특히 민주당 쪽의 반대로 대검찰청 중수부가 폐지되고, 그 후 문 정권 들어와서 공수처다, 검경수사권 조정이다 해서 검찰은 직접 수사 권한의 대부분을 빼앗겼습니다.

　대검찰청 중수부는 그야말로 특수부 검사들의 로망이었습니다. 과거에 고관대작들이나 대기업의 비리 등 나라를 떠들썩하게 만든 굵직한 수사를 많이 했던, 검찰총장의 직할부대였죠.

그런 중수부가 없어지고 또 그 역할을 대신하던 서울지검의 특수부도 대폭 축소되었기 때문에 앞으로 특수통이란 말도 이제는 없어질 거 같습니다. 저는 특수통의 그 마지막 명맥을 이어온 사람 중에 우뚝 선 이가 바로 석열이라고 생각합니다.

석열이는 검사 생활 전부를 거의 특수부, 직접 수사부서에 있었고 법무부 같은 기획부서에서는 한 번도 근무한 적이 없으며, 제가 알기로는 비수사 부서, 공판부나 기획 검사도 초년 시절 시골 지청에서 근무했을 때를 제외하고는 없었으리라고 봅니다.

특수부에 있는 검사들이 모두 훌륭하고 우수하다고 할 수는 없습니다. 어떤 검사들은 그냥 수사하는 과정에서 실적주의에 사로잡힌 나머지 무리수를 두는 검사들도 있습니다. 그런데 그런 검사들은 대개 오래는 못갑니다. 얼마간 다른 마음을 품고 특수부 검사 생활을 좀 하다가 결국은 떨어져 나와서 후배들에게 제대로 귀감이 되지도 못하는 경우가 허다하지요.

반면, 계속해서 특수부에 오래 있었다는 것은 그만큼 나름대로의 노하우 외에도 수사하는 과정에서 별 물의를 일으킨 적이 없고, 스스로를 다스리고 무리한 욕심을 부리지 않고 수사를 할 줄 아는 자질이 있다는 것을 의미합니다. 그러니까 윤석열 검사가 관여한 수사에서는 수사 과정에서 누가 극단 선택을 하거나 또는 수사 관련 잡음이 생기는 사례가 전혀 없었던 것으로 압니다.

윤석열 검사의 그러한 비결은, 제가 알기로는 수사할 이슈에 대한 지식이나 주변 상황에 대한 정보와 관련 지식 또 그 수사로 인한 여파, 모든 부작용 등의 부분들을 충분하게 파악하고, 그러한 지식의 바탕 위에서 사건 관계인을 말로 설득함으로써 상대를 승복하게 해 필요한 부분은 수사에 협조를 하게 하고 또 수사의 범위나 대상, 직급에 대해서 너무 과욕을 부리지 않는 것입니다.

사실 조금 서툰, 그러니까 실적에 너무 집착하는 검사들은 어떤 한 기업을 수사하더라도 기업의 최고 회장에서부터 중간 임원까지 모두 구속을 해서 구속자를 늘리고, 또 수사를 하다 보면 수사의 옆 부분까지, 이른바 별건 수사라고 하죠. 과잉 압수수색으로 본래의 수사 범위를 넘어서서 자료를 다 가져온 것은 생각 안 하고, "자료를 살펴보다 보니까 범죄 혐의가 눈에 보이는데 어떻게 하냐?" 하며 과잉수사, 별건수사로 더러 잡음을 만드는 경우도 있지만, 우리가 아는 한 윤석열 검사는 그렇게 했단 말을 들어본 적이 없습니다.

그런 점이 윤석열 검사가 중수1과장, 특수1부장 등 검찰의 검사들이 한 번도 가기 힘든 보직들을 차례로 밟아오면서 나중에 서울중앙검사장 서울 중앙검사장 시절이나 총장 시절에 큰 수사를 지휘할 수 있었던 그런 바탕이 된 것입니다.

국정원 댓글 수사 비화
올곧은 소신

'검사 윤석열'이라는 이름을 국민들에게 선명하게 각인시키게 된 사건은 박근혜 정부 첫해인 2013년도 국정원 댓글 사건입니다.

2013년 3월, 검찰 정기인사에서 석열이는 서울중앙지검 특수 1부장을 마치고 경기도 여주지청장으로 발령이 났습니다. 여주지 청장같이 지방 소도시의 지청장은 일이 적고 부담도 없어서 휴식 과 재충전할 수 있는 기회인데 석열이에게는 그런 휴식할 기회도 오래 주어지지 않았습니다.

발령이 난 지 두세 달 만에, 그때는 박근혜 정부 집권 초기인데 국정원 댓글 수사가 시작되면서, 그 당시 채동욱 검찰총장이 여주 지청장으로 내려가 있는 석열이를 수사팀장으로 불러올렸기 때문 입니다. 그 당시는 박근혜 정부가 들어선 첫해였기 때문에 나름대 로 전 정부의 적폐를 수사하는 사정 활동을 해나가야 하는 상황에 서 시작된 국정원 댓글 수사는 그 반대로 박근혜 대통령이 당선된

2012년도 12월 대통령선거 과정에서 국정원이 對 북한 심리전 등 사회의 여러 가지 현안에 대한 어떤 여론에 대응하기 위해서 국정원 직원들이 댓글을 올리는 그런 일들에 대해, 그 댓글 중 일부가 '대통령선거에 다소 영향을 미쳤다. 따라서 국정원법상 금지되어 있는 정치 관여를 했다.'라는 취지로 조사를 했던 것으로 기억합니다.

이것은 제가 생각할 때 이제 막 출범한 박근혜 정부의 선거(당선) 과정에 마치 이 댓글이 어떤 영향을 미친 것처럼 되니까 박근혜 정부 성립의 적법성에 대한 시비가 생길 수 있는, 그 당시 선거에서 진 야당 (민주당)으로서는 이런 문제를 가지고 어떻게든 정부 여당의 정통성에 대해서 끊임없이 시비를 걸 수 있는 빌미를 주었던 것 -결과적으로 4년 뒤에 결국 촛불 사태, 탄핵으로 이어졌지만 말입니다.-이 바로 이 국정원 댓글 수사였습니다.

저는 그 전해(2012년)에 서울동부지검장을 끝으로 검찰을 그만 둔 상태였는데, 당시 국정원 댓글 수사 결과 국정원 직원들이 달았다는 댓글 내용이나 건수 면에서 볼 때 그 댓글이 대통령선거에 어떤 영향을 미쳤다거나 그로 인해 박근혜 정부의 초기 정통성이나 대통령 당선 효력에 시비를 걸 정도는 전혀 아니라고 느꼈습니다. 그럼에도 검찰에서 새 정부 초기에 이러한 수사를 계속할 경우 너무 정치적으로 과잉 시비가 걸려 다른 부정부패 수사가 혹시 지장이 생기지 않을까 염려되어 윤석열 검사를 찾아가서 저의 주관적 의견을 피력했던 적도 있었습니다.

그때 문제가 됐던 국정원의 댓글 수, 소위 정치 성향의 댓글 수는 불과 8,800여 건에 불과하였습니다.

　그래서 제가 윤석열 당시 수사팀장을 찾아가서 "댓글이 8,800여 건으로 이 무슨 대통령선거에 영향을 미치냐? 그 정도 댓글 가지고 대통령선거의 효력을 시비하는 듯한 수사를 하는 것은 어느 모로 보나 사회 안정에 도움이 안 되고 검찰의 정치적 중립에도 난 도움이 안 된다고 본다. 선거 과정에서 박근혜 대통령이나 그 주변 사람들이 부당한 돈을 받았다든가 누구에게 금품향응을 베풀었다든가 하는 일도 아니고, 국정원의 업무적 댓글을 가지고 이렇게 해야 하는가?"라는 취지로 의견을 제시했더니, 그때 석열이가 저에게 했던 말은 지금도 뇌리에 선명합니다.

　"이게 8,800건이 아니라 800건이라 하더라도 국가기관이 이런 일을 해서 되느냐? 그런 점에서 이것을 문제라고 보는 것이지, 이것이 여든 야든 어느 한쪽의 유불리라고 생각지는 않는다. 그리고 예를 들어 이것이 국정원의 관행이라 해도 대단히 잘못된 관행으로 우리가 고쳐야 할 부조리에 해당하는 타성적 관행 아니냐."고 자신의 분명한 소신을 말해 주었던 기억이 납니다.

　석열이가 그러한 정신으로 일을 하는데 비해 당시 언론 보도에 의하면 법무부 -그 당시 법무부 장관은 황교안 장관이었죠.- 에서는 윤석열 검사의 수사팀이 그 수사를 계속하는 거에 대해 그다지 탐탁지 않아 했던 것도 사실이었습니다.

그런 과정에서 석열이가 상부에 보고 없이 국정원을 압수수색하고 국정원 직원을 영장 청구하는 일이 벌어지고, 그로 인해 2013년 가을 법무부에서 검사징계법에 따른 징계를 당하고 지방의 고검 검사로 쫓겨가는 인사상 불이익을 당하기 시작했으니까, 윤석열의 역경은 그때부터 시작된 것이라고 할 수 있겠습니다.

"사람에게
충성하지 않는다"

• • •

윤석열의 이러한 뚝심, 나름대로의 원칙, 다시 말해서 2013년 여름 국정원 직원들이 작성했다는 8,800건의 댓글을 가지고 (나중에 김경수 지사의 드루킹 사건 때는 그 1만 배에 달하는 8,800만 건의 댓글 조작을 저질러 결국 김경수 전 지사가 실형을 받고 지금 복역 중입니다.) 수사를 계속해 나가는 과정에서 댓글사건 수사팀장으로서 상급자인 서울지검장의 결재없이 국정원을 압수수색하고 국정원 직원의 영장을 청구한 일로 인해 그해 국정감사장에서 국회의원들은 석열이를 몰아세웠습니다.

국정원 댓글사건 수사팀은 그 서울중앙지검장의 지휘나 결재를 받고 있었던 것 같고, 검찰은 엄격한 상명하복 체계를 중시하고, 더구나 이렇게 국정에 영향을 미칠 수 있는 그런 중요 사건이기 때문에 당연히 그러한 상명하복 체계를 지켜야 했음에도, 수사팀장으로서 왜 마음대로 상사의 결재도 없이 국정원을 압수수색했느냐, 직원에 대해 영장 청구를 했느냐고 국정감사장에서 의원들이 몰아붙이니까 저 유명한 발언을 합니다. "나는 사람에게 충성하지 않는다."

  그 당시 서울중앙지검 검사장이었던 조OO 검사장은 의원들에게 윤석열 검사로부터 그러한 사항에 대해 수사의 필요성이나 진행 상황의 제대로 된 보고가 없었기 때문에 아직 결재를 못했던 것이지, 수사하겠다는 것을 말리고 못 하게 한 것이 아니라는 취지로 답변을 했고, 반면에 윤석열은 '그렇지 않다, 상사는 그런 수사를 허락하지 않았다.' 하는 쪽으로 얘기를 하고 자신의 입장을 밝히는 과정에서 "나는 사람에게 충성하지 않는다"라고 했던 것입니다.

  사람에게 충성 않는 다면 누구에게 무엇을 위해 충성을 한다는 것이냐 하는 질문이 나올수 있지만 저로서는 결국 석열이의 그 말은 자신은 검사로 일을 함에 있어 상급자의 지위에 있는 어떤 개인보다 '자신의 직책, 조직에서 요구하는 본연의 임무' 더 나아가서는 '나라와 국민이 검찰에 바라는 법 원칙과 정도(正道)에 충실하겠다는 의미가 아니겠나 생각합니다.

  어쨌든 석열이의 그 폭탄성 발언은 자신에게는 트레이드 마크가 되었습니다만, 당시 면전에서 그 말을 들어야 했던 조OO 서울중앙지검 검사장의 경우 검찰 내에서 치밀하면서도 합리적인 성품으로 존경받는 선비형 검사였는데, 그 일로 마음고생을 많이 했을 것이고, 석열이도 그 부분에는 인간적인 미안함을 가지고 있을 것입니다.

하여튼 그 일로 석열이가 그 이후에 3~4년간의 유배 과정을 겪고 나서 박근혜 대통령 탄핵 전후의 수사, 그리고 서울 중앙지검장 이후에 여러 가지 중요 사건 수사에서 보여준 태도를 볼 때 결국, 정치적 영향이 있는 사건이라도 여든 야든 정치권의 눈치를 보지 않고 오직 법과 원칙만 생각하며 그렇게 일관된 나름대로의 원칙과 소신에 따라서 수사를 하는 검사로 석열이가 검찰 내에서, 또 국민들에게도 자리매김하게 된 시작이 바로 그때였다고 생각됩니다.

ⓒ 연합뉴스

정직 1월의 징계와
지방 유배 시절

    석열이는 2013년 국정원 댓글 수사로 인해서 그 당시 법무부 장관과 소속 근무처인 서울중앙지검장에게 보고하거나 결재를 받지 않고, 국정원 직원에 대해 영장 청구도 하고 또 압수수색 집행을 했단 이유 등으로 결국 법무부 장관으로부터 정직 1월, 즉 검사로서의 직책과 권한을 1개월 동안 정지당하는 징계를 받게 됩니다. 그리고 대구고검 검사로 좌천성 인사를 당합니다.

    대구고검 검사로 가서 한 2년 정도 있었고, 그다음에는 대전고검 검사로 2년 가까이 지냈습니다. 고등검찰청은 지방검찰청이나 지청처럼 1차 직접 수사권은 없고 지방검찰청 또는 지청에서 처리한 사건에 대한 이의신청을 처리하는 곳으로, 고유의 기능도 있어 원래 부장검사급 이상의 검사들이 근무하지만, 윤 총장의 경우는 징계성으로 고검에 전보가 되었던 것입니다.

    보통은 한 차례 정도 고검 근무를 한 뒤, 다시 지방검찰청으로

부임하여 직접 수사하는 보직을 맡는 경우도 많은데, 석열이는 4년 가까이 1차 수사에서 배제된 상태로 고등검찰청에서 계속 지냈던 것입니다.

석열이가 대구고검에서 지낼 때나 대전고검으로 옮긴 후에도 저가 한번씩 만나러 가보았습니다만, 석열이는 자신이 인사 불이익을 당한 부분에 대해서 불만이나 분노를 표시하기보다 언젠가 모든 것이 제자리로 돌아오겠지 하는 아주 여유 있고 초연하게 잘 지내고 있었습니다.

그 시절에 석열이는 민주당 쪽에서 국회의원 공천 제의를 받기도 했지만 자기는 정치에 뜻이 없다며 일거에 뿌리쳤다는 것은 나중에 많이 알려진 바 있습니다.

※ 그러고 보니 윤 대통령은 2013년 국정원 댓글수사로 징계 정직, 2001년 12월 검찰총장 시절 정계 정직(소송으로 효력 정지), 그리고 2024년 12월 탄핵으로 대통령 직무 정지… 세 번이나 직무 정지를 겪었네요. 풍운아라 해야 할까요.(2025. 3. 석동현)

서울중앙지검장으로
화려한 등장

　서울중앙지검장은 모든 검사들이 꿈꾸는 최고의 자리입니다. 특히 대검찰청의 중수부가 폐지된 지금에는 대한민국의 모든 현안 사건의 1차 수사를 담당하는 자리로서 오히려 검찰총장보다 더욱 중요하고 힘 있는 직책이라 볼 수 있지요.

　석열이는 대전고검에서 검사로 근무하던 중 2016년 가을, 박영수 특별검사 수사팀장의 중요한 직책을 맡아서 수사 전면에 복귀하게 됩니다. 그 무렵 박근혜 대통령에 대해 당시 야당인 민주당과 좌파 언론 등이 최순실 건과 세월호 문제를 앞세워서, 박근혜 정부의 모든 업무처리 등이 잘못된 것처럼 공세를 벌이고 이에 여당인 자유한국당의 일부 의원들까지 호응하게 되면서 국회에서 박영수 특검이 도입된 것입니다.

　당시 여당이 얼마나 무기력했던지, 야당들만 특검 추천권을 가지는 내용의 특검법이 통과되었고, 그런 상황에서, 야당으로부터 박영수 전 검사장과 조승식 전 검사장 두 분이 추천되었는데, 그 중에 박근혜 대통령이 결국 2016년 11월 30일 박영수 전 검사장을 특검으로 지정했지요. 국회에서 탄핵소추안이 통과되기(2016년 12월 9일) 약 열흘 전입니다.

그런 박영수 특검이 수사팀을 구성하면서 그 당시 대전 고검에서 은인자중하고 있던 윤 검사를 수사팀장으로 불러올린 것입니다.

석열이가 2016년 12월 21일부터 2017년 2월 28까지 진행된 특검 시절에 팀장으로서 현직 대통령인 박근혜 대통령을 직접 조사하거나 구속한 것은 아닙니다. 2017년 3월 10일 헌법재판소가 탄핵 결정을 하기 전까지는 박근혜 대통령을 상대로 어떤 조사도 이루어질 수가 없었고, 박 대통령은 헌법재판소의 탄핵 결정 후 서울중앙지검 특별수사본부에서 2017년 3월 21일 조사를 받고 3월 31일 구속된 것입니다.

다만, 특검 기간 중 이재용 삼성 부회장이 구속된 것은 사실인데, 그때 이재용 삼성 부회장이 최순실에게 그 딸이 탈 말을 제공한 것에 대해 최순실과 박근혜 대통령이 소위 경제공동체라는 논리로 이 부회장에게 뇌물공여죄를 적용한 것, 그것이 결국은 나중에 박근혜 대통령이 탄핵당한 후 형사 범죄 사실로 이어지는 계기가 되었다고 보는 이도 있지만, 어쨌든 당시 그 같은 결정은 법 논리에 충실했고 석열이 혼자만의 결정이 아니라 그때 특별검사팀에 참여한 검사들의 논의 과정을 거쳐 내린 결정이었을 겁니다.

2017년 2월 28일 특검이 끝나고 2017년 3월 10일 헌법재판소에서 박 대통령 탄핵이 인용되면서 거행된 대선에서 문재인 후보가 당선되고, 2017년 5월 10일 시작된 문재인 정권의 첫 번째 검찰 인사에서 2017년 5월 19일 석열이는 검사장으로 승진과 동시에 곧바로 서울중앙지검장에 발탁됩니다. 4년 가까이 고등검철청 검사로 떠돌다가 검사장 중 최고의 보직이자 검찰의 꽃인 서울중앙검사장으로 화려하게 등장하게 된 것입니다.

내가 진보냐?
반(反)시장 경제주의자냐?

$\cdot\ \cdot\ \cdot$

　석열이가 문 정권 초기 검찰 인사에서 서울중앙지검장으로 파격 기용된 다음에 다들 아시는 바대로 서울중앙지검에서 前 정권에서 있었던 일들에 대해 이른바 적폐 청산이라는 이름으로 수사를 많이 했습니다.

　문재인 정권이 들어선 직후, 국정원·기무사령부·검찰 등 곳곳의 주요한 자료 서버를 비밀 취급 자격도 없는 이상한 사람들까지 와서 다 뒤졌던 것으로 세간에 알려지기도 했는데 그런 자료들이 검찰에 넘겨져 적폐 수사의 단서 또는 자료로 활용된 것이 아닌가 생각합니다.

　이것은 정말로 문재인 정권이 저지른 어마어마하고 사악한 죄악이라고 봅니다. 그러한 자료를 탈탈 털어서 이를테면 박근혜 정부 시절에 쓴 여러 가지 예산 집행, 심지어 국정원장들이 대통령에게 제공한 비용 등에 대해서도 수사를 하는가 하면, 문재인은 또 무슨 이상한 특별수사를 하명하기도 했습니다.

예를 들면 기무사 사령관에 대한 계엄 문건, 세월호 구조 과정에서 출동한 기무사 장병들이 몇 달간의 활동 결과를 정리한 백서 속에 있는 몇 가지 보고서를 가지고 마치 기무사 장병들이 세월호 유족들을 사찰했다고 한다든지 사이버사령부의 댓글 활동을 정치 관여라고 해서 김관진 전 장관을 구속한다든지, 기업에 대해서는 삼성바이오로직스에서 여러 가지 상장을 위한 방법을 고려한 것을 가지고, 이에 대한 가치평가를 조작했다고 하며 주가조작 혐의로 조사하는 이런 일들이 많았는데요.

그래서 저는 당시에 가끔 석열이가 근무하는 서울중앙지검의 검사장실을 찾아가서 의견을 피력하기도 했습니다.

그때마다 윤 검사장은 답답함과 아쉬움의 항변을 했습니다. "내가 이 정권에 잘 보이려고 이러는 것이 아니다. 나는 나대로 이것이 前 정부가 관행적으로 했던 예산 집행과정의 문제점, 이런 부분에 대해서 그것이 법적으로 문제가 있다고 보기 때문에 수사를 한다."라는 것이죠. 즉, 힘들지만 나름대로 공정성과 원칙을 최대한 생각하면서 수사를 하고 있다고 제게 고충을 토로하곤 했습니다.

석열이는 저에게 이렇게 묻기도 했습니다. "동현아! 자네도 알다시피 내가 좌파냐? 나는 굳이 따지자면 보수에 가깝다. 그리고 나는 시장경제를 신봉하는 사람 아니냐, 내가 스스로 여태까지 공부를 하고 이 사회를 보는 눈은 그렇다."라는 것입니다. 그런 대화를 토대로 저는 당시 〈신의 한 수〉 같은 우파 성향 유튜브에 간혹 출연하였는데 그때마다 당시 서울중앙지검의 적폐 수사에 대해 대단히 문제 많고 잘못된 것이라 비판은 하면서도 "윤석열 검사장이 결코 좌파이거나 진보주의자거나 反시장경제주의자는 아니다. 당연히 反기업적 성향도 아니다."라고 말하기도 했습니다.

왜냐하면 저는 윤 검사장이 서울중앙검사장이 되기 전에 중수부에서 그리고 서울 특수부에서 수사를 할 때 기업에 대한 수사도 나름대로 절제와 품격을 지키며 했던 것을 계속 봐왔기 때문입니다.

삼성바이오로직스에 대한 수사를 할 때도 -저는 삼성의 변호인으로 찾아간 것은 아님에도- 저가 우리나라의 경제를 사실상 떠받치고 있는 삼성에 대한 가혹한 수사를 걱정스럽게 말하자 석열이는 나름대로 그러한 고충을 토로하면서 이제 아무리 삼성이라도 잘못된 기업 관행은 고쳐야 한다는 소신을 얘기하는 것을 들었던 적이 있었습니다.

그래서 저는 윤 검사장이 당시 정치권에 조금이라도 잘 보이기 위해서 즉, 문재인 정권에 충성하기 위해서 그렇게 하는 것이 아니라 자신의 소신을 가지고 있다는 것을 알았습니다만, 일부 아쉬웠던 점은 사실이었는데, 어떻든 서울중앙지검의 수사가 보수우파 국민들 관점에서는 여러 가지 걱정을 하게 만든 것이 분명했기에 그러한 부분이 보수 우파의 궤멸로까지 이르지는 않아야겠다는 생각에 제 나름대로 노력을 하노라고 했던 것 같습니다.

서울중앙지검장 시절
기억나는 사건들

• • •

석열이가 서울중앙지검장 시절, 아쉬운 사건이 더러 있었는데, 특히 김관진 전 국방장관을 구속할 때는 이 일은 정말 아니다 싶어서 제가 극구 찾아가서 탄원도 했습니다.

저로서는 당시까지 김관진 전 장관은 얼굴 한 번도 뵌 적 없는 분이었지만, 깊이 존경심을 가지고 있었던 데다가 도대체 구속까지 할 사안은 말도 되지 않다고 봤기에 석열이를 찾아가 그분을 구속하는 것은 북한이 가장 좋아할 일 아니냐며 고언을 했던 바 있습니다. 꼭 제 말 때문은 아니겠지만 김관진 장관은 1차 구속된 후 당시 서울중앙지검에서 처리된 적폐 수사 중에는 거의 유일하게 법원에서 구속적부심으로 풀려나기도 했습니다.

세월호 사찰 건으로 이재수 전 기무사령관 수사 때도 마찬가집니다. 2014년 세월호 구조 당시 해군을 비롯한 전군 병력이 대거 출동하여 구조 작업을 하는 관계로 기무사 장병들이 함께 가서 정상적으로 기무 활동한 내용으로 그들이 스스로 만든 백서 내용의 일부를 트집을 잡아 기무사 장병들이 마치 세월호 유족들을 사찰한 것처럼 문재인이 정말 말도 안 되는 특별수사를 지시함으로써, 먼저 군검찰에서 수사 착수하여 기무사의 현역 장성들을 구속했죠.

군에서 기무사 현역 장성들을 먼저 구속한 후 나중에 서울중앙지검에서 이미 전역하여 민간인 신분이 된 이재수 전 사령관과 김 모 참모장에 대해 수사를 하게 된 것인데 저는 서울중앙지검에서 수사할 단계부터라도 문재인의 잘못된 수사 지시를 반드시 바로 잡겠다는 의지로 이 사령관의 변호를 자청했습니다. 이재수 전 사령관은 제가 2011년 부산지검장 때, 부산지역 사단장으로, 만나 서로 알고 지내온 관계였습니다.

일반 검찰에서 세월호 구조 당시 기무사 장병들의 기무 활동이 정당했음을 밝히면, 앞서 군검찰에서 구속되어 군 법원에서 재판받고 있던 현역 기무사 장성들까지 억울함도 풀 수 있다고 저는 봤던 겁니다.

그리하여 이재수 사령관이 법원 영장 판사 앞에서 기무사 장병들은 잘못 한것이 없으며, 만약 문제가 있다면 사령관인 나에게 책임을 물으라고 당당하고 의연하게 주장하고 또 저가 성심껏 변론하여 영장판사가 이례적으로 영장을 기각했습니다. 그렇게 해서 구속을 면했는데, 며칠 후 이 사령관이 스스로 투신하는 정말 충격적인 일이 벌어졌지요.

그 바람에 제가 그 사건을 끝까지 충분히 변호해서 억울한 수사와 기소를 바로잡지 못하고 지금도 그 기무사 장성들이 재판을 받고 고생 중인 것을 너무 안타깝게 생각합니다.

　그런데 요컨대 당시에 군이나 검찰이 세월호 유가족 사찰 혐의로 기무사의 장성들을 수사한 것은 윤석열 검사장의 뜻이었다기보다 문재인 정권 좌파 세력의 모함성 지시 때문이었고, 현역이 아니므로 서울지검에서 조사를 받게 된 이재수 전 사령관에 대해 투신하기 전 영장실질심사 과정에서 수갑을 채운 것 또한 윤 검사장의 뜻이라기보다는, 당시 그의 밑에 있던 검사들의 생각 부족과 공명심이 더 큰 원인이었다고 저는 생각합니다.

대한민국의
국운을 살린 세 가지 사건

• • • •
문재인 정권이 윤석열 검사장을 검찰총장으로 기용한 것을 두고 다섯 개의 계단을 뛰어넘었다고 하죠. 전임 검찰총장이 사법연수원 18기 문무일 총장이었는데 연수원 23기인 윤석열 서울검사장을 고등검사장도 아닌 서울지검장에서 총장으로 바로 기용한 것은, 기수와 서열을 중시하는 우리 검찰 역사와 검찰 인사의 관행에서 비춰보면 굉장히 파격적이고 인사의 질서를 흔드는 인사였습니다. 그로 인해서 많은 선배와 동료 검사들이 옷을 벗어야 하는 그런 충격이기도 했습니다.

문재인 정권으로선 조국 민정수석을 법무부 장관으로 보내고 윤석열 검사장을 검찰총장에 앉혀서, 자기들 시각으로 검찰 개혁을 하고자 했고 그 과정에서 아마 석열이가 충직하게 따를 것으로 기대했을 겁니다. 왜냐하면 그때까지 2년 동안 석열이가 서울중앙지검장으로서 재직하는 동안 여러 가지 수사의 결과물이 대체로 문재인 정권의 적폐몰이 방향과 부합되는 쪽이었으니까요.

그런 상태에서 윤석열 검사장을 파격적으로 검찰총장으로 승진시키면 그야말로 문재인 정권이 그렇게도 꿈꾸어 오던 검찰 조직의 무장해제, 즉 검찰 개혁을 빙자하여 검찰의 권한과 역할을 완전히 줄이는 검찰 장악에 순순히 협조할 것으로 생각했던 것입니다.

그런데 석열이에게는 어림도 없는 일이었습니다. 석열이는 사람(문재인이나 조국 등)에게 충성할 사람이 아니었고, 그들이 하고자 하는 일이 무조건 옳다고 따를 사람은 아니었으니까요. 문재인이 조국을 법무부 장관에 지명하자 국회 인사청문회를 하기 위해서 기본적인 신변사항이 드러나게 되었는데, 그 가족이 정말 이해할 수 없는 거액을 사모펀드에 투자한 부분이라든지, 가족이 운영하던 경남 창원의 웅동학원에 대한 여러 가지 비리들, 또 그 자녀들의 부정 입학, 표창장 위조 등 그의 파렴치하고 이중적인 비리가 우수수 드러난 겁니다.

조국이라는 자가 그동안 트위터나 SNS를 통해 겉으로 보여준 모습은 서울법대 교수이면서도 청렴하고 강직한, 올바른 말만 하는 공정과 정직의 화신이었고, 박근혜 정부나 박근혜 대통령에 대해서도 얼마나 모진 얘기를 많이 했냐고요. 또 우파 쪽의 도덕성을 공격하면서 정말로 입에 담을 수 없는 소리를 수없이 했는데, 막상 자신의 민낯은 내로남불 면에서 비교할 수 없을 정도로 더 지저분했던 겁니다.

그런 조국에 대해서 다른 이도 아니고 철석같이 믿었던 윤석열 검찰총장이 법무부 장관 후보자에 대해 전면 수사를 하는, 문재인 정권으로서는 정말 상상도 못 한 청천벽력 같은 일이 벌어진 겁니다. 공정과 원칙을 중시하는 석열이로서는 문 정권이 파격적 인사로 자신을 검찰총장으로까지 시켜주었음에도 전혀 개의치 않고 직무에 충실하게 공정의 칼을 빼 들었던 거죠.

이 사건을 저는 역사의 아이러니라고 보는데요. 만약 문재인 정권이 조국을 법무부 장관으로 보내지 않고 그 이듬해 총선에 충분히 당선될 수 있는 지역으로 공천했다면, 그래서 국회 배지를 먼저 달게 해주고 그다음 법무부 장관으로 보내든지 했으면, 현재의 대통령선거에서 민주당 후보는 이재명이 아니라 틀림없이 조국이었을 것입니다.

그런데 국회의원 배지를 달기 전에 조국을 먼저 법무부 장관으로 보내서 국회 청문회를 거치게 하는 바람에 민낯의 단초가 드러나면서 윤석열 검찰총장이 특유의 검사 본능으로 서울중앙지검장에게 지시하여 조국에 대해 전면 압수수색을 하는, 어마어마한 일이 일어나게 된 겁니다.

검찰총장이 다른 장관도 아니고 직속 상급 부서인 법무부 장관 후보자에 대해서 수사를 했다는 것은 상식선에서는 도저히 상상을 할 수도 없는 일입니다. 더구나 문 정권이 가장 총애하는 조국에 대해 수사하는 그 어마어마한 일을 석열이가 해낸 겁니다.

그렇게 조국의 민낯을 완전히 다 들춤으로서 장관직에서 물러날 수밖에 없었고, 그 이후에 정치인 추미애 씨가 법무부 장관으로 온 다음에 또 우리가 지켜본 바와 같이 1년여 동안 윤석열 후보를 얼마나 공격했습니까? 그 공격에(공격이 위법 부당한 탓이기도 하지만) 꿋꿋하고 소신있게 버티면서 윤석열 검찰총장은 완전히 공정과 상식의 화두로 일거에 전 국민적 영웅이 된 겁니다.

저는 문재인 정권이 자신들의 야욕을 위해 권력을 마음대로 행사하고 대한민국 건국의 역사부터 부인하면서, 대한민국의 그동안 쌓아온 모든 것을 다 무너뜨릴 때 정말로 가슴을 치고 이것에 대해서 분노를 느끼면서도 이것을 바로잡을 방법이 보이지 않기에, 그래서 "이 나라가 완전히 무너지는구나."라고 한탄하며 나라의 국운이 다했구나 싶었습니다. 그런데 바로 다음의 세 가지 사건으로 대한민국의 국운이 끝나지 않았구나 생각되었습니다.

즉, 첫 번째로 윤석열 검사장을 검찰총장으로 임명한 일입니다. 두 번째로 조국을 법무부 장관으로 임명한 일, 만약 조국을 그때 법무부 장관으로 임명하지 않았다면 그 비리와 위선의 민낯이 드러나지 않았을 것이고, 윤 총장이 그 점을 파헤칠 기회도 없었을 겁니다. 또한 그때 만약 윤석열 아니라 다른 이가 검찰총장이었다면 조국을 절대 수사하지 못했을 겁니다.

세 번째로는 조국 후임에 추미애를 장관으로 임명한 일입니다. 문 정권의 거악에 맞섰다는 이유로 추미애가 검찰총장과 검찰 조직을 온갖 난도질을 하는데도 석열이가 전혀 기죽지 않고 꿋꿋이 버티고 당당히 맞서자 보수우파 국민들이 윤석열을 다시 보게 되고 현 정권을 교체할 새로운 지도자감으로 생각하게 된 거죠.

이 세 가지 사건이 어우러지면서 결국 윤석열 검찰총장이 국민의 부름으로 정치를 시작하게 되고, 또 대통령선거에 나서게 되었다고 생각할 때 역사의 아이러니를 느낍니다.

직무 정지를
당한 첫 검찰총장

· · ·

추미애는 법무부 장관 지위를 악용하여 2019년 12월에 정말 상상도 하기 힘든 일을 저지릅니다. 추미애답다고 해야 할지, 윤석열 총장에 대해서 전격적으로 직무를 정지하고 징계에 회부한 것이죠. 당연히 처음 있는 일이고, 검사징계법에 검찰총장도 징계 가능하다는 조항이 있다는 걸 검사 생활 30년 가까이 지낸 저도 그 무렵에 처음 알았습니다.

법무부 검사징계위원회는 법무부 장관, 즉 추미애 자신이 위원장인데, 추미애가 자신에게 윤석열 총장의 징계 요구를 하는 우스꽝스러운 일이 벌어진 겁니다. 검사징계법상 검찰총장을 제외한 나머지 검사는 검찰총장이 법무부 장관에게 징계 요구를 하고, 검찰총장에 관한 징계는 법무부 장관 본인이 위원장으로 있는 징계위원회에 셀프 요구를 하는, 그런 기가 막히고 우스꽝스러운 모양인 것입니다.

이것은 입법의 미비이기도 하지만 애당초 검찰총장에 대해 법무부 장관이 징계한다는 자체가 어불성설이라 보아야 합니다. 왜냐하면 검찰총장은 장관급이니까 당연히 만약에 총장이 징계에 회부될 만한 문제가 생겼다면, 그것은 뉴스에 보도가 될 것이고 정치적으로 매우 정부에 부담이 될 것이므로 인사권자인 대통령이 그 문제를 이유로 검찰총장을 즉각 경질하여 물러나라고 하는 것이 맞는 것이지, 같은 장관급인 추미애 법무부 장관이 징계를 요구한다는 것은 앞뒤가 안 맞기 때문입니다. 징계 절차가 끝나기 전까지 징계를 당한 검찰총장이 계속 검찰 수장의 지위에 머물러 있으면서 전국의 검사들을 지휘하는 결과가 되지 않겠습니까.

그런 상황을 문재인도 대통령이면서 뭐가 문제인지도 모르고 전혀 제어하지 못하고 말리지도 못한 거죠. 그래서 저는 이 부분은 문재인 대통령이 시켰다기보다 추미애 장관이 정치적 공명심으로 어설픈 선무당이 되어 스스로 말도 안 되는 오버를 한 것이라고 봅니다.

만약 윤석열 총장이 정치에 뜻이 있었다면 차라리 장렬하게 징계를 당하고 나왔겠죠. 그렇지만 석열이는 당시로서는 그럴 뜻이 확고하지도 않았을 뿐 아니라 정말 부당한 선례를 남길 수 없다는 신조 때문에, 그 징계 요구에 법적으로 이의제기를 하고 또 징계 요구에 따른 직무 정지에도 효력정지 가처분을 신청한 겁니다.

법원도 역시 하도 어이가 없으니 추미애의 직무 정지 결정에 대해 효력 정지한 거 아닙니까? 윤 총장이 그런 추미애의 광기 어린 굿판에도 굴하지 않고 맞선 것은 총장으로서 직무에 충실하고자 했던 것이고, 정치적 계산으로 좌고우면한 것이 아니라는 확고한 방증인 것입니다.

도청할 테면
하라고 해

　추미애 장관이 검언유착이라며 한동훈 검사에 대한 말도 안 되는 수사를 지시하고 윤석열 검찰총장의 수사지휘권을 무력화시키고, 특히 연말에 검찰총장의 직무를 정지하고 검사징계법을 악용해 검찰총장에 대해서 징계 요구를 할 때의 어느 날, 제가 윤석열 검찰총장과 우연히 휴대폰 전화로 대화를 했던 적이 있습니다.

　석열이는 다변인데다가 평소 한 번 전화를 했다 하면 통화가 길어요. 그런데 그날도 한 시간 가까이 당시 추미애가 정말 미친 듯이 법무부 장관 권한을 남용하면서 날뛰는 상황에 대해서 이런저런 이야기를 하고 울분도 토하고 서로의 생각을 주고받고 있는데, 제 귀에 자꾸 '우우우웅~' 하는 기계음이 울려요. 저는 이것이 틀림없이 도청이라고 생각했습니다.

　그래서 제가 윤 총장에게 "지금 이 전화는 도청이 되는 것 같으니까 다른 전화기로 통화하든지, 다음에 통화하자."라고 했더니, "아유, 들으려면 다 들으라고 해!" 그러니까 도청하는 사람에게 들으라고 경고하는 겁니다. 그만큼 배포가 있는 친구입니다.

윤석열 총장의 생각은 그거였어요. 무슨 틀린 소리 하는 것도 아니고 내가 숨기고 가릴 게 뭐가 있느냐는 자신감, 당당함, 결기가 있는 거죠.

석열이는 자기가 피하려면 피할 수도 있었지만 조금도 피하지 않고, 자기의 소신과 원칙을 지키기 위해서, 자기가 생각하는 공정의 가치를 지키기 위해서 고난을 겪었던 사람이지 않습니까? 반면 추미애는 1년이 넘도록 법무부 장관으로서 자기가 무엇을 하는지도 모르고 일종의 영웅심에 도취해 날뛰다가 윤석열 총장을 완전히 국민적 영웅으로 만들어줬습니다.

항간에서 평하기를, 윤석열 총장을 자기네들 좌파에 맞서서 정권교체의 선봉에 설 수 있는 사람으로 만들어주었을 뿐 아니라, 이 정권이 조국 다음으로 아끼고 후계자로 생각할 법도 했던 김경수를 드루킹 사건으로 몰아넣은 것도 결국 추미애가 광분한 덕이라고 하지 않습니까. 우스갯소리 같지만 보수우파로서 추미애라는 정치인의 존재가 얼마나 고마운지 몰라요. 민주당의 엑스맨인 추미애가 광분하면 광분할수록 오히려 윤석열에게는 또 우리 보수에게는 정치적으로 도움이 될 정도입니다.

아무튼, 석열이가 저하고만 통화했겠습니까? 다른 사람과의 통화도 다 그런 식으로 도청이 되는 줄 알면서도 그것을 피하려 하

지도, 움츠러들지도, 그것 때문에 소리를 낮추지도 않고 자기 할
말을 하는 석열이의 저런 결기가, 이제 정치의 길로 들어선 그의
어마어마한 자산이고 무기라고 저는 생각합니다.

▶ ⓒ 석동현

검사 생활만 한 사람이
어떻게 대통령을 하나

시대가 영웅을 만든다더니 친구 석열이가 검사의 길을 걷다가 전격적으로 정치를 시작하고, 몇 달 만에 바로 대통령선거에 도전하게 되니 실로 엄청난 일입니다. 거기에다 석열이가 가장 유력한 대통령 후보로 급부상하고, 정권교체를 바라는 국민적 여론이 50%를 넘게 되자 이에 반발하는 여권이나 좌파 세력들은 평생 죄인이나 다루는 검사생활만 한 사람이 어떻게 대통령을 하느냐고 심하게 공격하고 있고, 심지어 우파 진영 내에서도 더러 이 점으로 시비를 거는 것 같습니다.

물론 오랫동안 정치를 하고 국회의원 경험까지 갖춘 사람에 비해 석열이처럼 검사 생활만 해온 사람은 국정 전반에 대한 식견이 다소 모자랄 수 있고, 특히 국민들의 애환을 현장에서 느낀 경험도 부족하다는 점을 겸허하게 받아들여야 하겠다는 생각이 들기도 합니다.

그러나 현실적으로 석열이의 경우, 스스로 정치권력에 대한 욕심으로 정치에 뛰어든 입장이 아닙니다. 따라서 그런 부족한 부분을 도외시하고 그저 대통령직을 탐하는 사람이 아닌 것입니다. 검사로서 외길을 걸어오다가 정권의 불공정한 국정 농단과 부당한 압박에 맞섰다는 이유로 온갖 고초를 겪고, 그 과정에서도 굴하지 않고 꿋꿋이 버티는 모습에 대깨문들을 뺀 모든 국민이 열광한 나머지 현 정권을 대체할 새로운 시대의 지도자로, 사실상 정치로 불러낸 것 아닙니까?

다행히 석열이는 다른 검사 출신에 비해서는 국민들에게 감동을 줄 만한 스토리가 있고, 배짱이 있고 확고한 신념과 절제된 공직생활에서 다져진 남다른 도덕성이 있습니다. 그리고 검사 생활을 오래 했지만, 일반 형사범이 아니라 경제범죄, 부정부패 등 우리 사회 전반의 부조리한 현상들을 주로 수사해왔기 때문에 어떤 공직자보다 우리 사회의 전반적인 현상과 구조에 대해 비교적 소상하게 잘 아는 편입니다.

특히 마지막에는 1년 반 동안 검찰총장으로서 국가 최고 중요 조직의 관리도 했고, 직무상 많은 고급정보를 보고받았기에 사회 현상의 표피적 측면 외에도 문제의 배경이나 그 문제가 야기된 구조 및 기본적인 대안들을 늘 파악하고 또 생각해 왔다고 봐야 합니다.

그리고 어차피 이제는 대통령이 국가정책의 모든 것을 다 전문가 수준으로 알아야 하고 직접 만기친람하는 시대도 아니라고 보는 분도 많습니다. 시시각각 변하는 시대 속에서 내각을 비롯한 행정부 내의 하위기관에 권한을 적절하게 위임 배분하고, 유능한 인물을 적재적소에 배치하며, 헌법적 가치를 지키면서 국민의 복리를 최우선으로 국민들과 성실하고 겸손하게 소통한다면 오랜 검사 경력은 결코 단점이 될 수 없다고 봅니다.

저는 무엇보다 지금 청와대에 있는 사람보다는 역량이나 리더십 측면에서 열배 백배 석열이가 낫다고 생각합니다. 국민들과 소통하는 일이 더 중요한 시대입니다.

무엇보다 대통령이 된 후에 지금 청와대에 있는 대통령을 반면교사로 삼아 그 반대로만 행하면 국민에게 더 많은 사랑과 존경을 받는 대통령이 되지 않을까요?

PART 2

그래도 윤석열

1

손발은 묶어도
소신은 묶지 못한다.

'검찰 개혁'에 대한
윤석열 총장의 시각

　•　•　•
　추미애 장관이 '검찰 개혁'이라며 저지른 칼춤은 결국 이 정권 인사들의 권력형 비리, 그들이 관련된 이권 개입에 대한 수사를 검찰이 못하도록 검찰의 힘을 빼기 위한 것임을 웬만한 사람들은 다 안다.

　그 칼춤에도 꿋꿋이 버티고 있는 윤석열 검찰총장은 "국민이 원하는 진짜 검찰 개혁은 살아있는 권력의 비리를 눈치 보지 않고 공정하게 수사하는 것"이라고 했다. 秋 장관과 정반대로 검찰 개혁을 정의하고 있다.

　검찰 내부 통신망을 통해 秋 장관에게 항명한 검사 300여 명도 윤 총장과 같은 의견으로 봐야 한다. 秋 장관이나 집권 세력의 소망과는 달리, 윤 총장 다음으로 누가 그 자리에 와도 그들의 생각은 마찬가지일 것이다.

이 두 가지 시각 중 어느 것이 옳고 합당한지는 국민들이 판단해 줄 몫이다.

다만 정말 애석한 일은, 검사들이 아무리 옳고 합당한 길을 가려고 해도 정치권력의 칼바람에 당할 수 없다 보니 그 칼춤에 사직한 검사 중 아까운 인재가 너무나 많았다는 점이다. 유능한 검사들이 하루아침에 만들어지는 것도 아닌데 일단 사직을 하면, 세상이 바뀐다 해도 사직한 검사들이 다시 그 자리로 다시 돌아가기는 힘드니까. (2020.5.11.)

조용하지만
힘 있는 윤 총장의 연설

• • • •

　윤석열 검찰총장은 오늘 신임 검사들에게 당부를 하면서 "누구에게나 공평하고 정의롭게 법 집행을 해야 한다." "특히 부정부패와 권력형 비리는 국민 모두가 잠재적 이해당사자와 피해자라는 점을 명심하고, 어떠한 경우에도 외면하지 않고 당당히 맞서 국민으로부터 위임받은 법 집행 권한을 엄정하게 행사해야 한다"라고 강조했다

　이것이 비단 검사들만의 책무이겠나? 윤 총장은 앞으로 이 정권 아래에서 결국은 일정 부분의 법 집행 권한을 나눠 갖게 될 경찰, 공수처에도 권력형 비리에는 정권의 눈치를 보지 말고 당당히 맞서라고 주문하고 있는 것이다.

　오늘 윤 총장이 신임 검사들에 대해 당부하는 형식을 빌려 법집행기관들에 자기 생각을 알린 것은 또 하나의, 조용하지만 힘 있는 연설로 평가될 것으로 확신한다. (2020.8.3.)

추미애의 착각,
그리고 오만

누구 사단이란 말이 사라져야 한다고? 당신이 장관이 되기 전의 검찰에는, 그냥 조국이며 울산시장 선거 부정에 가담한 무리들 정도는 혼이 나야 이 정권이 늘 부르짖는 정의와 공정의 기준에 맞다고 생각한 윤석열 검찰총장과 총장의 그 방침에 공감한 검사들이 있었을 뿐, 애초 윤석열 사단이란 것은 없었다.

도대체 추미애는 군에서 몇 명쯤 모여야 사단이 되는지는 알고서 사단을 거론할까? 군법무관 출신 최강욱에게서 한마디 들었나. 그렇게 따지고 보면 윤 총장을 이렇게 초고속으로 기용한 사람도 추미애 당신을 장관직에 앉힌 바로 그 사람이다.

멀쩡한 검사들을 막가파식 인사로 추미애 똘마니들로 만든 사람이 누군가? 그리고서도 누구 사단이 사라져야 한다고 떠들면, 얼마나 큰 착각이며 또 오만한 생각인가? (2020.8.8.)

동아일보

추미애 "인사가 만사, 원칙 따랐다"…문찬석 "秋, 그릇된 용인술" 비판

"인사가 만사다. 검찰에서 '누구누구의 사단'이란 말은 사라져야 한다."

추미애 법무부장관은 8일 오전 8시 58분 페이스북에 이런 글을 남겼다. 전날 단행한 검사장 급 이상 검찰 고위 간부 인사에 대해 "추 장관이 윤석열 검찰총장을 완전히 고립시켰다"는

▶ ⓒ 뉴스 1

윤 총장은 지금
어떤 생각을 할까,
무엇을 해야 할까?

1) 서울지검이 최근 채널A 기자를 한동훈 검사장과 공모범으로 엮으려다 미수에 그치고 그 기자만 강요미수라는 낯선 죄목으로 구속기소 했다. 이 사건은, 문재인 정부 검찰의 흑(黑)역사 첫 장에 기록될 수사, 엉터리 공소장의 예가 될 것이 확실해 보인다.

그 공소장에는 기소한 검사 이름만 적혀 있겠지만, 공소장에 수사나 기소를 하게 만든 사람을 적는 칸이 있다면 추미애, 최강욱, 황희석, 이성윤, 이정현(1차장검사), 정진웅(형사1부장) 이런 이름들도 반드시 표기되어야 할 것이다. 훗날 직권남용죄로 법정에 서게 될 자들이다!

그런데도 추미애는 그 수사를 지휘한 이성윤 서울지검장에 대해 징계는커녕 그 자리를 지키게 하고, 이정현 1차장검사는 전국의 공안검사들을 지휘 감독하는 대검 공안부장 자리로 보냈다.

2) 지난달 23일 송삼현 검사장이 이끌던 서울남부지검은 친노 핵심으로 꼽히는 이 모 더불어민주당 부산지역 위원장을 모 기업인으로부터 거액의 금품을 받은 혐의로 구속했다. 그 기업인은 현 청와대 실세들과 친문 핵심들이 배후 이권 세력으로 소문난 라임자산운용의 자금줄로 알려진 인물이다.

그런데 그 직후에 송 검사장은 사표를 냈다. 사건의 엉킨 실타래가 풀려가고 있는 상황에서 수사 책임자가 물러나게 된 것이다. 검사장이 바뀐 데 이어 중간 간부들까지 바뀌면 후속 수사는 흐지부지될 것이 불을 보듯 뻔하다.

3) 윤미향과 정의연 사건도 그렇다. 강제 조사권이 없는 민관합동위원회는 지난달 6일부터 한 달 남짓 만에 모든 조사를 마치고 결과를 발표했지만, 압수수색이나 체포영장 청구 등 강제 수사권을 가진 서울서부지검은 감감무소식이더니 이 글을 쓰는 오늘, 석 달 만에 처음 그를 불렀다.

의혹의 핵심인 윤미향 의원을 그동안 소환할 생각도 안 했던 서울서부지검장은 고검장으로, 차장검사는 검사장으로 각각 승진했다.

그동안 해당 검찰청에서 알아서 눈치껏 수사를 미룬 것인지 청와대나 법무부가 그런 눈치를 준 탓인지는 당사자들밖에 모를 것이다. 이러고도 위안부 할머니들의 피해와 고통을 논할 수 있을지도 한심하지만, 승진을 앞둔 간부 검사들이 어떻게 처신해야 인사 광풍에 살아남는지 생생히 보여준 것이다.

웃기는 일은 이런 지경에서 어처구니없게도 추미애는 며칠 전 자신이 뽑은 신임 검사장들을 향해 "정권을 쳐다보는 해바라기가 되어서는 안 된다"라고 훈시를 했다. 자기가 정권 해바라기를 양산해 놓고서 그런 말을 해대니 이런 코미디가 어디 있나?

그리고 보니 작년 7월 문재인 대통령도 윤석열 총장에게 임명장을 주는 자리에서, 앞으로 살아있는 권력에 대해서도 엄정하게 수사해달라고 당부했었다.

그런데 대통령의 그런 당부를 진심이라 믿었던 것은 아니지만, 살아 있는 권력을 수사했던 윤 총장이나 또 윤 총장을 믿고 따른 영민한 검사들이 지금 어떤 꼴을 겪고 있는지는 설명이 필요 없다.

사정이 그러다 보니 추미애의 그런 훈시에도 '명을 거역하고', 검사장이나 기타 검찰 간부 중에 정권만 쳐다보는 해바라기가 앞으로 더 많이 생길 것 같은 것이 사실이다. 윤 총장의 고민도 거기 있을 것이다.

4) 현재 윤 총장이 비록 팔다리가 다 잘리고 고립무원같이 보여도 그가 스스로 정치권력에 굴복한 적이 없을 뿐 아니라 또 졌다고 보기도 아직은 너무 이르다. 그리고 또 정말 누가 알겠나? 더 오래까지 살아 있고 국민들에게 더 오래 기억될 사람이 누구인지? 그것은 아무도 모른다.

아직 검찰총장에겐 직무상 권한이 남아 있다. 검사장들을 넘어 검사들에게 직접 일반적 지시를 내릴 방법도 있다. 그냥 헌법과 형사소송법, 검사선서문 등의 구절을 일부씩 골라 읽으면서 검사로서 이렇게 하자면 된다.

　그러기에 여전히 우리는 검사들에게 요구한다. 비록 추미애가 진심으로 했던 말은 아니겠지만 그래도 그가 한 말 그대로, 정권만 쳐다보는 해바라기 검사가 되지 말라고! 그 대신 국민들 눈치를 보라고!

　검찰에 정권 해바라기 검사들만 우수수 넘친다면 도대체 검찰 꼴은 뭐가 되겠나. 그러려면 검사는 왜 하나? 검사직을 떠날 때 당신들 가슴에는 뭐가 남겠냐고?

　(2020.8.13)

한 정치인의
오기에 끝장난
법무부와 검찰

· · · ·
　1948년 정부수립 이후 지금까지 70년간 중앙부처 중 한 번도 없어진 적이 없고 부(部) 명칭이 바뀐 적이 없는 부는 '국방부'와 '법무부' 두 군데뿐이다. 그만큼 나라의 중요한 근본조직이기 때문일 것이다.

　검찰도 마찬가지다. 법무부의 외청으로 대검찰청 및 전국의 고등검찰청과 지방검찰청, 지청들 대부분 1948년에 개청했는데 그 후 현재까지 몇 군데 청이 승격되거나 추가로 생겼을 뿐, 폐지된 청은 거의 없고, 조직 기능도 거의 동일하게 유지되어 왔다.

　대검찰청의 장(長)이며 검찰 수장인 검찰총장의 경우, 정권 때마다 믿을 만한 사람을 그 자리에 앉히다 보니 초대 권승열 총장 이후 현재 윤석열 총장 직전까지 역대 검찰총장들은, 비록 검사인사권을 법무부 장관이 가진다 해도, 장관과 서로 존중 또는 협력하는 관계 속에 일을 해왔다고 볼 수 있다.

지난 세월 야당이나 많은 언론, 지식인들은 검찰을 정권의 충견이라고 공격하고 조롱할 때가 많았다.

하지만 대통령과 법무부 장관이 인사권을 가진 이상 검찰이 정권과 늘 맞선다는 것은 쉽지 않은 구조적 한계도 있었다. 검찰을 욕하던 야당도 막상 여당이 되면 검찰을 이용하려 들고 내 사람을 골라 검찰총장으로 임명해온 현실이니 더 무슨 말을 하랴.

그랬다가 현 정권 들어와서 특히 작년 가을 조국과 추미애가 차례로 법무부 장관을 맡은 이후 1년 동안에 법무부와 검찰 관계는 완전 파탄이 난 듯하다.

대부분이 추미애가 저지른 일이지만 법무부와 검찰의 상호관계는 물과 기름이 되어버렸고, 거기에 더하여 국가의 사법 체계에 대해 개념도 인식도 없는 추미애의 정치적 드라이브에 일부 간부 검사들이 부화뇌동하면서 검찰은 이제 산 권력의 수사는 물론 경찰의 지휘조차도 힘들어진, 허수아비 조직이 되어 버렸다.

물론 이런 결과는 청와대와 대통령이 그런 류를 법무부 장관에 앉히고 비호한 것에 더 큰 책임이 있다고 보는 것이 상식일 것이다.

하지만 뒤에 있는 대통령 입장에서도 장관이 알아서 마구 날뛰면 어쩌나 보자는 식으로 다소는 따라가기 마련이다.

추미애가 어떻게 했나. 검찰총장 수족을 다 자르고, 정권에 조금이라도 불리한 조사를 했던 검사는 모조리 좌천시키고도, "인사가 만사다" "정권의 해바라기가 되지 마라"고 어이없는 말을 너무도 태연하게 늘어놓은 사람이다.

그런 추미애가 자신의 정치적 셈법으로 난도질한 검찰의 현재 몰골은 대통령이 기대했던 것보다, 어쩌면 조국이 검찰 개혁으로 내심 꿈꾸었던 것보다도 훨씬 더 비참한 수준이 되었다.

조국이 만약 법무부 장관직에서 계속 버텼다면 최소한 추미애에 비해 아무리 개혁이라지만 앞뒤라도 재고, 다소 완급조절도 하지 않았을까 하는 생각까지 해볼 정도이다.

오죽하면 중앙일보 이훈범 칼럼니스트가 '단군 이래 최고의 위선자'라는 조국 여우를 간신히 몰아냈더니, 추미애라는 호랑이가 들어와서 거침없이 혼을 빼놓는다고 표현했을까?

자기 스스로 정치적 욕망에 사로잡힌 한 정치인이 막가파식 오기와 증오심으로 나라의 근간 조직인 법무부와 검찰을 이처럼 망가뜨려 놓은 것에 한없는 분노가 치민다.(2020.9.6)

[선데이 칼럼] 더는 국민을 궁지로 몰지 말라

중앙선데이 | 입력 2020.09.05 00:30   지면보기 ⓘ

이훈범 기자

이훈범 중앙일보 칼럼니스트
대기자/중앙콘텐트 랩

'피호봉호(避狐逢虎)'란 사자성어가 있다. 문자 그대로 여우를 피하려다 호랑이를 만난다는 뜻이다. 나쁜 일을 피하려다 오히려 더 큰 일을 당한다는 얘긴데, 살 만큼 산 사람들은 누구나 한 번쯤 경험해봤을 일이다. '전호후랑(前虎後狼)'은 좀 더 극한에 몰린 경우다. 호랑이와 이리의 앞뒤 순서를 바꾸면 더욱 들어맞는다. 이리가 덤벼들어 전력으로 앞문을 막고 있는 상황에서 뒷문으로 호랑이가 들어오니 살아날 길이 없는 형국이다.

▶ 출처 : 중앙선데이에서 발췌

어찌하여
연판장 돌리는
검사가 단 한 명도 없나?

참 이상한 일이다. 법무부 장관이란 사람이 검찰총장의 수족을 다 자르고 그 수사지휘권을 짓밟고 조직 관리의 핵심인 인사를 하면서도 총장의 의견을 전혀 듣지 않고, 심지어 총장의 참모들조차 장관 뜻대로 배치를 하여 총장을 고립무원, 만신창이 상태로 만들었는데도, 정권이나 그 실세를 수사한 검사들을 모두 좌천 아니면 옷 벗게 만들고, 권력형 비리에 관해 진행 중인 수사는 부서를 해체하여 다 파토를 내고, 장래에도 아예 검찰이 직접 수사를 하지 못하도록 직제 자체를 다 폐지 또는 축소하고, 검찰총장이 수사팀 하나를 만들고자 해도 일일이 장관의 허락 승인을 받게 만들었는데도, 어떻게 저런 장관에 대해 조용히 검찰 내부에서 '이건 아니다'라고, '한번 따져보자'라고 연판장이라도 돌리는 검사가 한 명도 없나?

어떻게 전국 50여 개 지검·지청 중 평검사 회의를 열자는 곳도

단 한 곳이 없나?

그런 일에 앞장섰다가 불이익을 받으면 얼마나 받겠나? 까짓거 옷 벗고 나오면 변호사도 할 수 있는데!

그러면 추미애가 장관으로 와서 지난 8개월 동안에 저지른 검찰권 축소, 학살 인사, 직제 개편 등등이 다 옳은 일이었고 잘한 일이었다는 뜻인가.

밖에서 지켜보며 개탄하는 사람들의 시각과 안에서 검사들이 보고 느끼는 시각은 그렇게 다르단 말인가.

지금 추미애가 법무부 장관 되기 전에 정치적 위세를 이용하여 아들 군 복무 시절 과보호한 일로 세상이 시끄럽다.

그 일로 궁극에 장관직에서 밀려나고 설사 본인이나 아들이 처벌까지 받는다 한들 그게 뭐가 대수인가.

그렇지만 학식도 덕망도 없이 법무부 장관의 자리에 오른 뒤 된 뒤 그 직을 악용하여 지난 8개월 나라의 근간 조직의 기능과 인사를 난도질한 일에 대해서는 누가 시비를 따져야 하나.

2천 명이 넘는 검사 중 누군가는 정의감으로 치받으며 시비를 따지고, 잘못된 인사와 조직 기능을 바로 잡자고 해야 비로소 그 조직이 죽지는 않았구나, 아직도 살아있구나 하는 것을 말해 주는 증거가 되지 않을까. (2020.9.10)

윤석열 총장의 조치는
그 순서가 맞고,
시기도 적절했다

　윤 총장은 그저께 서울중앙지검에는 게이트 급 비리로 급부상한 옵티머스 펀드 사기사건과 그 두둔 세력 수사를 제대로 하도록 긴급 지시와 함께 검사인력 보강 조치를 취했고, 오늘 토요일 휴일임에도 서울남부지검에는 라임자산운용 사태와 관련하여 김봉현이 갑자기 꺼낸 검사 접대 로비 의혹에 대해서도 엄정하고 철저하게 사실 여부를 규명하도록 긴급 지시했다. 그런 조치는 순서도 맞고 시기도 적절하다.

　아울러 윤 총장으로서는 어떻든 그간에 서울중앙지검이나 남부지검이 라임펀드 옵티머스 펀드 같은 대형 비리 사건을 제대로 수사하지 않고, 총장이면서도 중요사항을 못 챙긴 것에 대해선(아무리 부하들이 정권 눈치에 검찰총장을 핫바지로 알고 보고를 안 했다 하더라도) 국민들에게 송구하다는 입장을 표시하는 게 맞다고 본다.

어쨌거나 윤총장은 임기 중에는 소관 사항에 무한 책임이 있기 때문이다. (2020.10.28.)

朝鮮日報

윤석열 검찰총장 "라임사건, 검사 비위 의혹 포함해 신속 수사하라"

검찰

PROSECUTION SERVICE

윤석열 검찰총장. /김지호 기자

윤석열 검찰총장은 라임자산운용 사태와 관련한 검사 비리 의혹에 대한 수사를 지시했다.

대검찰청은 "윤 총장이 최근 논란이 되고 있는 '라임 사건 관련 추가 로비 의혹'에 대해 서울남부지검에 '검사 비위 의혹' 부분을 신속하게 수사해 범죄 혐의 유무를 엄정하고 철저하게 규명하도록 지시했다"고 17일 밝혔다.

▶ 출처: 조선일보 기사에서 발췌(2020. 10. 27)

차라리
문 대통령이
직접 윤 총장을 해임하라

• • •

문재인 대통령은 자신이 차례로 임명한 윤석열 검찰총장과 추미애 법무부 장관이 1년 가까이 충돌하고 있는데도 마치 강 건너 불 보듯 구경만 하고 있다.

秋 장관이 윤 총장의 손발을 묶다가, 팔다리를 자르다가 이제 막바지엔 문젯거리도 안 되는 일을 두고 감찰 조사까지 하겠다고 한다. 이것은 누가 봐도 어떻게든 임기제 검찰총장을 낙인찍어 끌어내리겠다는 의도일 것이다.

秋 장관의 그런 행보는 만약 문 대통령의 임명철학이나 공직관에 배치되는 자신의 독단일까. 만약 그랬다면 당장 대깨문들부터가 지금처럼 가만히 있지 않았을 것이다.

문 대통령은 작년 윤 총장에게 파격적으로 임명장을 줄 때 여러 가지로 깊은 신임을 받았던 것이 분명하다.

대통령은 임명권자의 그런 깊은 신임을 윤 총장이 못 따라준 게 불만이라면, 임기와 관계없이 담백하게 직접 윤 총장을 청와대로 불러 밥이라도 한 번 먹으면서 인연이 여기까지 임을 설명하는 것이 옳았다고 본다.

지금처럼, 임기도 없는 정치인 법무부 장관이 임기제 검찰총장 상대로 자신의 정치적 주가를 올리겠다는 생각까지 담아 계속 만용을 부리게 한다면, 이는 코로나에도 지친 국민들을 더 짜증 나고 피곤하게 만드는 일이다.

우리 헌정사에서 검찰총장에 대한 임면(任免)은 어차피 정치적 결단이다. 그 결단에 수반되는 정치적 영욕을 회피하지 않겠다는 자세라면, 임명권자에게 그를 사실상 해임할 권한은 왜 없겠는가.

秋 장관의 감찰 시도를 즉시 중단시키고 차라리 문 대통령이 윤 총장을 직접 해임하라! (2020.11.23.)

윤 총장의 상대는
秋 따위가 아니다

　윤 총장이 추미애 장관에게 싸움을 건 적이 있나? 없다. 추미애가 자신의 정치적 몸값 올릴 허욕에 홀로 망나니짓을 했을 뿐이다. 권한 측면에서 윤 총장은 법무부 장관과 싸울 방법이 없고, 가치 측면에서 秋 따위와 싸울 이유도 없었다.

　망나니의 소임을 다한 秋는 이제 곧 의기양양하게 장관직에서 일개 정치인으로 돌아갈 것이다. 돌아가면 그뿐이다.

　나는 법조계 생활 30여 년에, 이 이상 걸레 같은 법 적용과 공권력의 남용을 본 적이 없다. 이 나라의 체제가 바뀌기 전에는 다시 못 볼 추태고 악행이다. 전체주의로 바뀌면 이런 일이 다반사가 될까. 참 서글픈 일이다.

　秋를 앞세운 저들은 자기들이 무슨 짓을 저질렀는지도 모를 것이다. 윤 총장 개인의 제거에만 눈이 멀었을 뿐, 나라나 국민들이 어디로 가는지, 법치주의와 민주주의 같은 원리가 얼마나 결딴이 났는지는 관심도 없을 것이다.

자신들이 그토록 신봉하는 촛불정신은 한 번도 경험 못한 나라의 휴지통에 처박은 지 오래다. 권세를 계속 탐하는 욕심에다 자신들은 무결하고, 무슨 짓을 해도 죄가 없다는 선민의식과 보신주의가 하늘을 찌른다.

이제 윤 총장은 홀가분해졌다. 저들은 답답했던 그에게 날개까지 달아 주었다. 자해행위나 다름없다.

윤 총장이 앞으로 법치주의나 원칙을 쓰레기 취급하는 저들과 맞서 결연히 싸운다면, 그의 옆과 뒤에는 상식을 믿고 살아가는 보통의 국민들이 함께 할 것으로 믿는다. (2020.11.25.)

秋의 사악하면서도
정교한 프레임

秋 장관은 27일 공식 입장문을 통해 대검찰청의 '판사 성향 분석 문서'에 대해 "특정 재판부에 이념적 낙인을 찍고 모욕적 인격을 부여하며 비공개 개인정보 등을 담은 사찰 문서"라고 주장했다. 민주당 인사들도 덩달아 "국회가 조사에 나서야 한다." "윤 총장을 수사, 처벌해야 한다"라고 맞장구를 쳤다.

秋가 대한민국 건국 이후 전무후무하게 검찰총장을 검사징계위원회에 회부하고 '해임'이라는 최고 수위의 징계를 노리면서 가장 중요한 징계사유로 든 것은 '판사에 대한 사찰'인 듯하다.

秋가 그런 프레임을 설정한 의도는 보나 마나이다.

우선 '사찰'은, 생각이 짧은 대깨문 지지자들의 결집에 가장 좋은 구실이 될 것이고, 또한 2일 자 법무부 징계위원회에서 윤 총장 해임을 의결하면 윤 총장 측에서 필시 제기하게 될 효력정지 가처분이나 무효 확인 소송을 제기할 때, 판사들로 하여금 자신들을 사찰했단 말인가 하고 부정적 심증이나 예단을 품게 할 의도일 것이다.

　판사들이 바보가 아니니 결코 의도대로는 안 되겠지만, 정말 秋와 그 배후 조종 세력의 끝을 모를 사악함에 살이 떨리면서, 한편그 정교한 프레임 설정에 또 한 번 놀라게 된다.(2020.11.29.)

윤 총장에 대한
秋의 직무 정지 명령

윤 총장의 법적 임기는 내년(2022년) 7월까지라지만, 법적 권한이 거의 봉쇄된 지금, 임기는 별 의미가 없었다.

대통령의 묵인하에 추미애가 현재 벌이고 있는 광기의 칼춤에 밀려 어느 순간 총장 집무실로 출근을 못 하게 되는 그날이 임기라고 봤다.

그날이 이제 왔다.
아무리 대범하고 강직한 윤 총장이라 해도 임명직 공직자의 한계이고, 인사권의 칼날 앞에선 어쩔 수 없는 경우다.

문 대통령은 직접 손에 피를 묻히지 않을 것이다.

얼마 전 秋가 윤 총장에게 특수활동비 예산 집행 문제로 시비를 걸 때, 많은 이들은 마지막 비수라 생각했지만, 실은 秋에게는 진짜 마지막 비수가 남아 있었다.

윤 총장을 검사징계법에 따른 징계 절차에 직권으로 회부하면서 윤 총장에게 직무정지 처분을 때리는 수였다.

아마 내일쯤 秋 자신도 사표 던지고 달아날 가능성이 크다. 똥을 싸놓고 도망가는 양상군자처럼.

어떻든 秋가 직무정지 명령의 수를 쓴다면, 윤 총장에게 전혀 징계할만한 잘못이 없다고 해도 검사징계위원회가 열릴 때까지 법무부 장관의 직무정지 처분은 형식적으로 유효하다. 그러면 원칙론자인 윤 총장은 대검청사로 출근하지를 못한다. 이것이 바로 秋의 노림수다.

하지만 秋의 이 노림수는 드루킹 때의 재판(再版)이고 최대의 악수(惡手)가 될 것이다.

윤 총장 역시 이미 마음속으로는 이 상황을 대비했을 것이다. 당분간 칩거하면서 이제 갈 길을 준비해야 한다.(2020.11.24.)

윤석열 총장,
3~4일간의
역대급 드라마 예고

　내일부터 3~4일간 우리 현대사 기록에 남게 될 또 한 편의 드라마가 펼쳐질 것 같다. 그 주인공은 윤석열 총장이다. 秋가 급하게 만든 특설 무대에 윤 총장으로선 벼락치기 출전이지만 이미 단련이 되어 왔고, 전반적으로 상황도 나쁘지 않다.

　어떤 드라마를 보게 될지 나름대로 짐작을 해본다.

▶ 11월 30일(직무정지 효력정지 가처분사건 심문)

- 변호인들만 출정하여 심문 후 당일 밤, 늦어도 다음날 1일 낮까지는 법원에서 秋의 직무정지 명령의 효력을 정지함으로써 윤 총장의 손을 들어주는 결정이 나올 것으로 본다.
- 어째서? 秋가 윤 총장을 징계 회부한 사유의 사실관계나 타당성 여부와 별개로, 총장 직무를 정지시킨 것은 아무런 시급성도 없고 재량권 남용으로 명백히 위법 부당하기 때문이다.

- 그리고 사실은 1일까지 법원이 가처분 인용을 하든 않든 대세에 별 차이는 없다. 가처분이 인용되어 윤 총장이 사무실에 복귀한다 해도 2일에 열리는 징계위가 해임을 의결하면, 다시 몸을 돌려야 하기 때문이다. 결국 핵심 승부처는 2일로 예고된 징계위다.

▶ 12월 1일(법무부 감찰위원회 회의)

- 눈에 안 보이는 압력 등으로 위원들이 의결정족수를 못 채워 회의가 못 열릴 수도 있다.
- 열린다 해도 아마 秋가 법무부 감찰 규정을 졸속 개정해서 감찰위의 사전 자문도 안거치고 윤 총장을 징계 회부한 것을 성토하는 수준에 그칠 것이다.
- 물론, 秋의 조치에 워낙 하자가 많아 경우에 따라 감찰위원들이 秋의 윤 총장에 대한 감찰 및 징계 회부를 강하게 비판할 가능성도 상당하다.

▶ 12월 2일(법무부 징계위원회 회의)

- 秋가 임명한 징계위원들은 아마도 판사 사찰 책임 등을 억지 구실삼아 눈 딱 감고, 윤 총장에 대해 최고 수위의 징계, 즉 해임을 시도할 것으로 전망된다.
- 윤이 그날 징계위에 출석할까? 고위직 징계 대상자는 대개 징계위에 출석을 하지 않지만, 윤 총장은 그날 나가서 직접 답변할

가능성이 크고, 또 그것이 맞다고 보여진다.

- 왜냐하면 중요한 갈림길이고 그 자리를 통해, 부당한 핍박을 받는 가운데 의연한 모습을 국민들에게 보여줄 수 있기 때문이다. 2일의 징계위 출석은 총장으로서 마지막 공무 수행이 될 가능성이 많다.

▶ 12월 3일(+α)

- 만약 전날 2일에 징계위가 해임을 의결한다면 다음날 3일은 +α로 몇 가지 앙코르 무대가 벌어지게 될 것 같다.
- 우선 문 대통령은 임명권자로서 법무부에서 올린 징계 해임 결재 공문에 사인하는 방식으로 윤 총장 해임의 대미를 장식할 것이다. 언론에 한마디 할 수도 있다.
- 윤 총장은 그 해임처분에 대해서도 직무적이지 처분 때 했던 것처럼 효력정지 가처분이나 무효확인 소송을 걸까? 이 점은 천기누설이 될 수도 있어 미리 언급지 않겠다.
- 해임될 경우 윤 총장은 퇴임식을 할 수 있을까? 秋가 만약 대검 청사에서 퇴임식도 못 하게 한다면 대검 정문 앞길에서라도 국민께 해임당한 소회를 밝혀야 하고.
- 그것은 새로운 길을 걸어가야 하는 윤 총장에게 오래도록 남게 될, 첫 길거리 회견이 되지 않을까 싶다.

내일부터 3~4일간 오랜 친구이자 옛 동료인 윤 총장이 다소는 고단하겠지만, 멋진 모습을 보여주길 기대하며 건투를 빈

다.(2020.11.30.,)

동아일보

윤석열 검찰총장은 30일 오전 11시 서울행정법원에서 열리는 직무배제 집행정지 관련 심문
에서 "추미애 법무부 장관이 감찰위원회를 거치지 않고 감찰을 개시한 것 자체가 절차상 위
법"이라는 주장을 펼 것으로 전해졌다. 추 장관이 '검사에 대한 감찰은 반드시 감찰위원회의
자문을 거쳐야 한다'는 법무부 훈령을 '감찰위원회의 자문을 받을 수 있다'는 임의 규정으로
개정하면서 필수 절차인 행정예고를 하지 않았다는 것이다.

▶ 출처: 동아일보 기사에서 발췌(2020. 11. 30)

윤과 秋 동반 사퇴,
말이 안 되는 일

．．．
민주당쪽에서 윤과 秋의 동반 사퇴를 조건으로 윤의 총장직 자진사퇴를 거론하는 것으로 보인다.

그런데 상품 가치나, 사퇴의 의미가 엇비슷이라도 해야지, 그만두는 순간 사용 가치 빵점인 진상 추미애가 어떻게 미래가치 최고의 신상품 윤석열과 동반사퇴라니 말이 되나. 윤은 '미래가치'고, 秋는 '미애가치'일 뿐인데….

또한 秋는 얼마든 임명권자인 문 대통령이 결심만 하면 바로 방을 빼야 할 처지인 반면, 윤석열은 임기제 검찰총장에다 옷 벗길만한 잘못이 없어 대통령이 사정하고 설득을 해야 할 입장인데….
秋와 동반 사퇴하게 해주면 윤 총장이 승복하여 총장직을 자진하여 사퇴할 수도 있다고 생각한다면 그것은 정말 사태를 몰라도 너무 모르는 상상력인거지.(2020.12.1.)

동아일보

文 "집단이익 아닌 선공후사 필요"
수보회의선 윤석열-검찰 향해 경고
여권 "윤석열에 먼저 자진사퇴 메시지"

文대통령 "개혁과 혁신" 강조 문재인 대통령이 30일 청와대에서 열린 수석 보좌관회의에서 모두발언을 하고 있다. 문 대통령은 "공직자들은 소속 부처나 집단의 이익이 아니라 공동체의 이익을 받드는 선공후사의 자세로 위기를 넘어 격변의 시대를 개척해 나가야 한다"고 말했다. 청와대사진기자단

문재인 대통령이 30일 "공직자들은 소속 부처나 집단의 이익이 아니라 공동체의 이익을 받드는 선공후사의 자세로 위기를 넘어 격변의 시대를 개척해 나가야 한다"고 밝혔다. 추미애 법무부 장관의 윤석열 검찰총장 직무배제 사태와 관련해 윤 총장과 검찰에 경고 메시지를 보낸 것이다. 앞서 정세균 국무총리가 이날 문 대통령을 만나 추 장관과 윤 총장의 동반 사퇴 필요성을 거론한 상황에서 일단 윤 총장이 먼저 사퇴해야 한다는 메시지를 낸 것으로 보인다.

▶ 출처: 동아일보 기사에서 발췌(2020. 12. 1)

2

검찰총장을 정치로
내모는 세월

윤 총장을 해임시켜도
제2의 윤석열이 또 나온다

　윤 총장에 대한 秋 법무의 직무정지 조치를 취소시킨 행정법원
조미연 부장판사 판결문의 다음 구절을 읽는 순간, 30여 년 법조
인 생활 동안 거의 처음으로 몸이 떨리는, 망치로 얻어맞는 느낌
을 받았다.

　"검찰총장이 법무부 장관의 지휘·감독권에 맹종할 경우 검사들
의 독립성과 정치적 중립성은 유지될 수 없다."

　검찰총장은 법무부 장관에게 맹목적으로 순종하지 말고, 장관
역시 총장(검사들)에게 맹목적 순종을 요구해서는 안 된다는 뜻!
　검사들이 잘나서, 지체가 높아서가 아니라 그렇게 해야 심지어
대통령이라도 법을 어길 경우 그 잘못을 문제 삼을 수 있는 기관
이 한 군데라도 유지되기 때문!

　이번에 윤 총장에 대한 직무정지 재판에서 결론 부분은 어느 정
도 예상했지만, 그 이유 논리가 이렇게 정연하고 천둥 벼락같을

줄은 몰랐다. 조 부장판사께 경의를 표한다.

전국에서 검사들이 들고일어났던 것처럼, 이 정권이 어떤 무리수로 윤 총장을 징계 해임시켜도, 제2의 윤석열이 또 나오게 된다. 조 부장판사의 저 장엄한 판결문 구절은 앞으로 대검찰청의 검찰총장실 입구 가장 선명한 자리에 걸어야 할 것이다. (2020.12.3.)

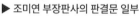
▶ 조미연 부장판사의 판결문 일부

윤 총장의 변호인들이
검사징계에 대해 위헌 심판 청구

우선 윤 총장 징계사건의 변호인들이 정말 시기적으로나 내용상으로 적절한 논점을 제기한 것에 찬사를 보낸다.

문제의 조항은 검사징계위원회 위원들을 법무장관이 지명 또는 위촉하도록 한 내용이다.

'위원은 다음 각호의 사람이 된다.

1. 법무부 차관
2. 법무부 장관이 지명하는 검사 2명
3. 법무부 장관이 변호사, 법학교수 및 학식과 경험이 풍부한 사람중에서 위촉하는 각 1명'

검찰총장이 아닌 검사들의 징계는 검찰총장이 요구를 해서 법무장관이 징계위를 소집하므로 징계위원들을 법무장관이 뽑아서 구성해도 별문제가 없다.

그런데 검찰총장에 대한 징계 요구는 법무부 장관이 직접 한다. 장관 자신이 징계를 요구했기 때문에 법무부 장관은 법적으로 검사 징계위원회 위원장이지만 그 위원회에 못 나간다.

법무부 장관이 그 위원회에 못 나가는 것과 같은 논리로, 징계위원들도 장관의 뜻에 추종할 사람으로 뽑으면 공정성이 결여되기에 법무부 장관이 위원을 뽑게 한 위 규정은 법치주의 대원칙인 적법절차(rule of law)에 위배된다는 뜻이다.

법무부 장관이 검찰총장을 징계요구한 사례가 건국 후 한 번도 없었으니 그간에는 이런 부분이 논쟁이 될 계기가 아예 없었다. 그렇지만 너무나 타당한 문제 제기다. 문 대통령이나 추 법무 둘 다 꼴 좋게 됐다. 저들 맘대로 징계위에서 윤 총장을 절대 해임하지 못할 것 같다.(2020.12.4.)

윤석열 검찰총장 징계,
해임은 정해진 수순

지금 이 시간 국회 본회의장에서 국민의 힘 김기현 의원이 공수처법 개정안 통과를 막기 위한 필리버스터를 하고 있지만, 오늘 밤 자정 회기가 끝나는 시각까지는 통과를 막는다 해도, 내일 당장 더불어당(앞으로 당 이름 중에 '민주'는 뺀다) 이 자들은 다시 임시국회를 열어 기어이 통과시키려 할 것이다. 내일 오전에는 절차나 사유는 안 따지고 법무부에서 검사 징계위를 열어 윤석열 검찰총장에 대한 징계를 하겠다는 것인데, 지금 추미애가 하는 짓거리를 볼 때, 해임 정도는 물론이고 필요하다면 그보다 더한 짓도 저지를 것 같은 느낌이다.

저지르는 것은 한순간인데 그것을 법원에서, 헌재에서 바로 잡는 것은 요건 따지고, 절차 따지고 시간이 걸린다. 법치주의의 약점이라 할까. 이 정권의 하수인들은 그 점을 잘 알기에 악용하고, 교묘히 파고든다.

정말 오늘 밤은 잠을 이루기가 쉽지 않겠다.

국회는 의석수 때문에 달리 기대하기 어렵다고 해도, 법무부 징계위만큼은 위원들 중 몇 명이라도 제발 상식과 이성을 발휘해 주기를 바랄 수밖에 없겠다.(2020.12.9.)

새벽 4시에
검찰총장 옷을 벗기는 나라

　우리는 아바타들 시켜 새벽 4시에 임기제 검찰총장의 옷을 벗기는 나라에 산다. 이게 제대로 된 나라인가, 정부인가?

　남은 검사들아! 이제 정말 할 일이 많다. 사표 함부로 내지 마라. 눈도 꿈쩍 않고 더 좋아라 할 자들이다.(2020.12.16)

▶ 출처; 연합뉴스 기사에서 발췌(2020. 12 16.)

한계가 없는,
그래서 무서운 저들의 상상력

· · ·

　만주당의 어떤 충견 국회의원은, 법원이 윤 총장의 징계효력 정지 신청을 받아준 것을 비난하며, 아예 행정처분에 대한 효력 집행정지 신청효력집행 정지 신청 자체를 할수 없도록 하는 방향으로 행정소송법 개정 법안을 내놓았다.

　법치주의 관점에서 보면 무식한 정도가 극한 수준이지만, 저들의 권력욕구 관점에서 보면 어떤 법이론이든지 그 틀 자체를 깨부수고라도 문제를 해결하고 말겠다는, 무서운 정치적 상상력이다.

　보수진영은 죽을 지경에도 틀까지 깨는 사고를 못 한다. 이번 국회 임기 중에 치러지게 될 다음 대통령선거에서 민주당은 만약 보수진영 후보가 대통령으로 당선될 기미가 보이면, 저들 중 누군가는 대통령 제도를 없애는 헌법개정론을 들고나올지도 모른다. (2020.12.28.)

朝鮮日報

정청래 더불어민주당 의원. /공동취재사진

더불어민주당 정청래 의원이 28일 집행정지 결정의 신청이 본안소송의 실익을 해치는 경우 집행정지 신청을 할 수 없도록 하는 행정소송법 개정안을 대표발의 한다고 밝혔다. 정 의원은 이번 개정안을 '윤석열 방지법'이라고 명명했다.

▶ 출처; 조선일보 기사에서 발췌(2020. 12. 27)

사고의 틀 자체가 다른,
그 틀을 그냥 뛰어넘는 자들

　고참 의원 출신 장관과 청와대가 나서고도 윤석열 총장을 끌어내리지 못하게 되자, 이제는 민주당 초선의원들이 아예 검찰청을 없애는 법안을 제출한다.

　사고의 틀 자체가 완전히 다른, 필요하면 그 틀을 그냥 뛰어넘는 선무당들의 참 우습고도 무서운 상상력이다.
　이런 선무당들에게는 국민들이 헌법에 따라 부여한 입법권도 그저 자신들의 정치적 이익이나 목적을 위한 호신용 무기, 공격용 흉기일 뿐이다.

　앞으로의 싸움은 바로 이런 자들과의 싸움이다.
　싸워서 이겨야 한다.(2020.12.30.)

남은 임기 동안
윤석열 총장이 해야 할 일

. . . .
황운하, 김남국, 최강욱 등 여권 내 反(반) 검찰 결사대가 설 연휴 직전인 8일 국회에 '중대범죄 수사청' 설치법안을 제출한 것은, 공수처법에 이어 다시 검찰 조직 해체 작업을 추가로 속개한 것이나 다름없다. 이 시대 후안무치의 상징, 조국까지 이것을 거들고 나서지 않았나.

검찰의 수사권 중 고위공직자 부분은 공수처를 만들어 이미 빼앗았고, 중대 범죄 수사청을 만들자는 건 그나마 검찰에 남은 몇 가지 중대 범죄의 수사권마저도 박탈하겠다는 뜻이다. 검찰의 무력화, 초토화를 넘어 공중분해를 통한 검찰 해체 수순으로 가고 있다.

입법 경험이 전혀 없는 얼치기 초선의원도 입법 예고 한번 없이 어떤 부실한 법안도 제 맘대로 그냥 들이밀 수 있는 것이 지금 우리 국회이다. 반면에 정부 부처에서 어떤 사소한 법안이라도 국회에 제출하려면 입법 예고에서부터 법제처 심사, 다른 중앙부처의 논의와 국무회의 통과 등 의원 입법에 비해 상대적으로 매우 까다로운 절차를 거쳐야 한다. 반면에 의원들은 작심만 하면, 엉터리 법안도 얼마 전 부장판사 탄핵소추 건이나 공수처법 통과 때처럼, 얼마든지 밀어붙여 뚝딱 통과시킬 수 있다.

입법 절차나 법안 내용이 아무리 우리 헌법이나 기존의 형사법 체계와 충돌되고 안 맞아도 저들은 전혀 개의치 않는다. 우리 법 출신 대법관들과 헌법재판관들이 지켜주니 뒷배도 든든하기 때문일 것이다. 검찰을 무력화하고 수사권을 빼앗아 공중 분해할 경우, 몇몇 건에 불과한 권력형 비리 사건은 그냥 덮이는 것으로 끝나지만, 검찰의 수사 지휘나 수사업무 중 비율면에서 절대다수를 차지하는 일반 국민과 기업들의 형사 분쟁에서 검찰 수사권의 박탈로 발생할 폐해나 부작용은 막대하다.

그렇지만 그것은 민주당 의원 저들에겐 전혀 관심도 걱정거리도 아니다. 저들은, 오직 자신들이 법을 어기고 어떤 권세나 이권을 누려도, 그동안 자신들을 감시해 온 검찰과 법원의 통제를 안 받고 혼날 일이 없는 세상을 만드는 것에만 신경 쓸 뿐이다. 그것을 검찰 개혁, 사법개혁이라 포장하고 있다.

이제 우리의 관심은 검찰의 수장인 윤석열 총장의 대응이다. 윤 총장이 지난 1년 동안 총장 자신에게 가해진 핍박이나 자리 흔들기에 맞선 결기는 담당했다.

또한 그 와중에도 최재형 감사원장의 악전고투 덕분에 원전 1호기 등 권력형 비리 수사를 지금도 계속하고 백운규 장관을 영장 청구까지 한 것은 평가할 만하다. 그러나 그것만으로는 부족하다.

이제 윤 총장도 검찰의 수장으로서, 여권의 사이비 검찰개혁 몰이와 초토화 수준을 넘어 아예 검찰을 공중 분해하겠다는 시도에 대해, 그것이 단순히 윤 총장 자신을 제거하기 위한 싸움이 아니라 이 나라의 정의와 형사사법 제도를 망가뜨리는 일이라는 점을 분명하게 인식한다면, 윤 총장은 차라리 내 목을 치라며 분연히 그 불의한 시도를 막겠다는 결기도 보여주어야 한다.

정권도 유한하지만, 윤 총장의 임기 또한 몇 달이면 끝이다. 그것이 총장이 바뀌더라도 앞으로 계속 존속될 검찰 조직이 그나마 덜 죽고, 또 윤 총장 본인도 사는 길이 아닌가 한다.(2021. 2.13.)

큰 둑도
개미구멍 때문에
무너진다

　며칠간의 소동 끝에 어제 발표된 검찰 간부 인사이동에서 현안 사건 담당 부장검사들이 유임을 함으로써, 박범계 법무부 장관을 앞세운 여당 강성파의 정권 방탄용 인사, 검찰 해체 작전이 일부라도 저지된 것은 천만다행이다.

　이것은, 또 한 명의 정의로운 공직자 신현수 민정수석이 사실상 대통령에 맞서는 결기를 보이고, 윤석열 검찰총장이 인사 관련으로 요구한 사항 중 한 가지라도 관철된 결과라 본다.

　물론, 지금 이 나라는 모든 분야가 비정상화되어 버렸고, 대깨문들 말고는 대통령과 정권에 이미 다 등을 돌린 마당에, 검찰 중간 간부 인사문제 하나가 뭐가 그리 대단하냐고 보는 이도 있을 것이다. 충분히 일리 있는 지적이라 생각한다.

그래도 어제 일이 큰 의미가 있는 이유는, 4년 내내 계속되어온 문 정권과 586 주도 세력들의 무법천지 독주가 청와대 내부 핵심 수석의 강단 있고 담대한 반발에 차단된 첫 사례라는 점 때문이다.

어제 그 일로 문재인 정권은 결코 간단치 않은 내상을 입었다. 견고해 보이던 벽이나 기둥에도 금이 가기 시작했다. 어쩌면 이미 심한 균열이 생겼는지 모른다.

'제궤의혈'《堤(방죽 제), 潰(무너질 궤), 蟻(개미 의), 穴(구멍 혈)》, 큰 방죽도 개미구멍으로 무너진다는 말이 있다. 『한비자(韓非子)』에 나오는 고사성어다. 어제 새로운 개미구멍 하나가 만들어진 것이다. 앞으로 계속 생길 것이다.(2021.2.23.)

朝鮮日報

① 민정수석 빼놓고 검찰인사… 누가 어떻게 한건지 아무 설명없어

▶ 출처: 조선일보 기사에서 발췌(2021. 2. 23)

어느 나라에도
우리와 같은 검찰은 없다

비록 밀려 나갔지만, 역시 추미애다운 뒤끝 작렬 발언이다. 어쨌거나 말 자체는 틀리지 않는다. 농산물뿐만 아니라 나라마다 제도도 신토불이의 성질이 다소는 있으니까.

우리나라엔 우리와 같은 검찰이 있고, 일본이나 미국에는 각각 그 나라의 검찰이 있는 법이다.

추미애는 "어느 나라에서도 검찰이 수사권과 기소권을 함께 가지고 있고, 심지어 영장 청구권까지 독점하고 있지는 않다"라고 했다. 그러면 우리 언론에서도 자주 언급하는 일본의 동경지검 특수부는 기소권만 있고, 수사권이나 영장 청구권은 없나? 백번 양보하여 그 말이 맞는다 치자. 그러면 우리나라와 같은 정치, 우리가 보는 저질 정치인들이 세계 어느 나라에 또 있겠나? 우리나라에만 있지!

선거에 이겼다고 세계 최고의 기술력과 생산성, 두고두고 일자리가 될 원전을 하루아침에 중단시키고 날려버리는 정치, 선거에 이기겠다고 나랏빚이 1천조 원이 넘고 미래세대에 부담이 되든 말든 뿌리고 보자, 10조 20조가 들어가는 공항 건설도 타당성, 안전성 상관없이 무조건 저지르고 보자 하는 정치인들!

그런 예를 다 세어보자면 양 손가락 양 발가락을 다 써도 가능할까? 그런 정치 수준 때문에라도 부정부패와 권력형 비리 수사권을 경찰에만 모두 맡길 수 없고, 우리와 같은 검찰도 필요하다는 것을 웬만한 국민들은 다 알고 있는데, 유독 모른다는 자들은 누구겠나?(2021.2.25.)

수사권 문제는
국민에게 이로운지
여부가 기준이다

검사들에게 "니들은 앞으로 수사하지 말고, 기소 여부만 결정하고 법정에서 공소 유지만 해라"고 하는 것이 현재 조국, 추미애, 박범계 등 문 정권 법무부 장관 3인방이 앞장서서 '검찰 개혁'으로 포장하여 밀어붙이는 '검찰 해체론'의 요점이다.

복잡한 사건, 힘 있는 자들의 부정부패 범죄를 검사가 직접 수사하지 않더라도 경찰의 수사서류만 보고 충분히 기소 여부 결정을 할 수 있고, 법정에서 유죄판결을 받아내는 데도 아무 문제 없다면서, 검사들 수사권을 다 잘라버리자고 하는 정치적 선동의 악취가 봄기운 가득한 천지사방을 찌른다.

국민들 처지에서 볼 때 공수처가, 국수본이, 중대범죄 수사청이 그런 수사를 손이나 댈 수 있겠는지 또, 그런 수사는 사실 검찰도 제대로 하기가 어려운데 그들이 제대로 할 것인지가 기준이다. 잘못하면 결국 그 피해는 국민에게 돌아간다. 그 때문에 무너지는 법치에 속 끓어야 하는 국민들의 분노와 신음을 문 대통령이나 조국, 추미애, 박범계 같은 사람들이 해결해 줄 수 있겠나?(2021.3.3.)

윤석열의
조기 용퇴

. . .
   윤석열 총장이 마침내 총장직에서 전격 사퇴했다. 어차피 남은 임기는 중요치 않은 상황이다. 불가피한 선택이고 담대한 결단이었다.

   잘한 일, 잘된 일인지는 윤 총장이 앞으로 하기에 달린 것.(2021. 3. 5

3

'그래도,
윤석열'인 이유

'검수완박'이 되면
'부패완판'이 될 것

　윤 총장이 전격 사퇴하기 약 열흘 전쯤부터 LH의 땅투기사건이 불거지기 시작했다. 그때만 해도 민주당 쪽에서 '우리나라와 같이 수사권과 기소권을 다 가진 검찰은 세상에 없다.', '검찰에서 더 이상 직접 수사는 못 하도록 수사권을 기소권과 분리하자', '중대범죄수사청을 만들자'라는 목소리가 높았다. 검찰의 역할을 전혀 모르는 황운하, 김남국 같은 초짜 의원들이 얼마나 설치고 추미애나 조국은 얼마나 또 거들먹거렸나?

　그러자 참고 참았던 윤석열 검찰총장이 "'검수완박(검찰 수사권 완전 박탈)'이 현실화하면 부패가 완전히 판치는 '부패 완판'이 될 수 있고, 그로 인해 법치 시스템이 파괴되면 결국 피해는 국민에게 돌아가게 된다."라고 일갈하며 전격적으로 총장직에서 사표를 내고 물러났다.

　국민들이 윤 총장이 그 말을 했던 의미를 아는 데는 며칠이 안

걸렸다. 묘하게도, 윤 총장이 사직한 지 며칠 만에 LH 직원들의 '망국적 범죄'인 신도시 땅 투기 사건이 터져 나왔고, 분노한 국민들 사이에 왜 검찰에 수사를 맡기지 않느냐는 여론이 들끓었다.

하지만, 대통령(문재인)도, 여당(더불어민주당)도, 법무부 장관(박범계) 중에 그 누구도 LH 사건 수사를 검찰에 맡기자는 말을 하지 않는다. 실은 그런 말을 못 했다. 여태껏 검찰 수사권을 폐지하는 것이 맞다고 자신들이 큰소리친 것도 그렇고, 또 검찰에 수사를 맡길 경우에 이번 LH 땅 투기꾼 속에 자기 쪽 사람들이 들어 있을 수도 있고, 그뿐만 아니라 이 사태를 유발한 책임자들을 검찰이 봐줄 리 없다는 것을 그들도 잘 알기 때문일 것이다.

LH 사건 같이 국민적 관심이 큰 사건, 대형 비리 사건일수록 수사를 누가 하느냐는 것은 그만큼 중요하고 또 민감하다. 수사권을 어떻게 하느냐 하는 것은 단순히 사람 불러 따지고 묻는 수사기법만의 문제가 아니다. 수사의 착수 시기, 압수수색 타이밍, 수사의 범위와 순서의 판단, 수사의 파장에다 국민적 관심에 대한 고려 등등이 그 성패를 좌우한다. 그러한 종합적인 결과물을 가지고 기소 여부를 결정하게 되는 법이다.

그런데도 민주당 인사들처럼 검찰이 밉다고 무작정 검찰에게서 수사권을 뺏고, 수사는 다른데 맡길 테니 너희들은 기소만 하라고 검찰을 망가뜨리면 이 나라의 법치는 앞으로 어떻게 되겠나? (2021.3.10.)

액수로 계산이 안 되는
윤석열 총장의 자산

　윤 총장을 버티게 할 자산은, 돈이 아니라 국민들의 기대와 신망이다. 무능하면서도 위선적인 문재인 정권과 그 추종 세력의 교체를 열망하는 대다수 국민들의 기대와 신망이라 봐야 한다.

　액수로 계산할 수 없는 국민적 기대와 신망이라는 정치적 자산 측면에서 기존의 어떤 정치인보다 윤 총장은 부자일 것이다. (2021.4.7.)

동아일보

이준석 "윤석열, 대선판까지 버틸 재산 無"·
···국민의힘 합류 전망

이준석 국민의힘 선거대책위원회 뉴미디어본부장이 7일 재보궐선거 이후 예정된 야권 정계 개편과 관련 "윤석열 전 검찰총장은 재산이 적은 편은 아니지만 대선 비용을 개인 자금이나 후원금으로 버틴다는 건 불가능할 것"이라며 국민의힘에 합류 가능성을 내비쳤다.

▶ 출처: 동아일보기사에서
발췌(2021. 4. 7.)

지금은 다시는 못 올,
윤 총장 본인만의 시간

윤석열 전 총장의 칩거 기간이 두 달을 지나 석 달에 가까워지고 있다. 어마어마하게 정치권의 관심을 받고 있는 인물로선 전례가 없는, 정중동의 행보다.

그러자 슬슬, 도대체 언제쯤 외부 활동 시작하느냐, 지지율이 떨어질 수 있는데 왜 빨리 움직이지 않느냐는 말들이 나오기 시작한다.

간간이 내놓는 한마디에 한쪽에선 환호하는가 하면 여당 사람들은 앞다투어 맹폭이고, 어디를 갔다거나 누구를 만났다 하면 언론들이 난리다. 그만큼 윤 총장에 대한 기대와 관심, 여당 측은 두려움이 큰 탓일 것이다. 약간 팽팽한 긴장감 같은 것도 느껴진다. 하지만 어차피 갈 길은 정해진 터, 윤 총장 입장에선 정치적 외부 활동은 서두를 필요가 없는 듯하다.

지금은 큰 변신을 위한 허물벗기 단계이며, 다시는 못 가질, 본인만의 성찰과 준비의 시간이기 때문이다.

외부로 나서는 순간, 사람들에 둘러싸이고 이슈에 쫓기면서 현 안에 대한 성찰은 고사하고, 뭐가 옳은지 그른지 잠시 생각할 겨 를조차 없게 된다. 이것은 우리나라 정치인들의 공통적인 문제다.

거기다가 현재 코로나 상황이고, 아무 직책이나 당적도 없이 백 의밖에 걸친 게 없는 입장이다. 당장 집 밖으로 나온들 과연 어디 로 가서 무엇을 할 수 있나.

두문불출하다시피 한 기간이 긴 것 같지만 겨우 두세 달이다. 약 30년 검사 생활에 배인 티를 벗기에도 실은 짧은 시간이다. 여 태 걸어온 길과는 전혀 다른 길을 가야하고, 그 길에 요구되는 역 할이나 책임을 생각한다면 꼬리를 무는 고민에, 매일 밤잠을 설쳐 야 오히려 마땅한지 모른다.

윤 총장이든 또 다른 누구든, 이제 우리의 지도자가 될 사람은 그저 과거사 파헤치기 또는 낡은 이념과 코드로 니편 내편 갈라치 기를 재미로 생각하는 사람보다 미래의 삶, 일거리에 대한 기대 가능성을 제시하면서 국민들에게 행복감을 안겨주는 마술사이어 야 한다.

그리고 공정과 상식 같은 이 시대의 가치에 충실한 지도자가 되 기 위해선, 그저 표만 받으면 된다는 포퓰리즘이나 고수 정치인들 의 선거 술수를 배우겠다기보다는, 그리고 별로 가본 적도 없던 재래시장이나 산업현장을 겉핥기로 다니는 보여주기 쇼잉보다는, 지금은 미래의 국가 과제며 청년들의 고충 해결을 위한 성찰과 그 실천을 위한 내공 쌓기에 더 큰 비중을 둠이 마땅하다.

그 성찰과 연마의 시간은 길수록 좋을 것이다. 하루라도 더 본인만의 준비시간을 가지고 최대한 지략적인 학습으로 연마과정을 거쳐 자신감을 가지고 세상에 나와야 한다.

그렇게만 된다면 앞으로 좀 더 칩거를 한다 해도 대다수 일반 국민들은 얼마든지 인내하며 새로운 지도자의 등장을 기다려 줄 것으로 믿는다.

아무런 성찰도, 내공도 없이 허황된 팬덤으로 정권을 차지한 후 오직 과거사와 편 가르기에 매달려 나라를 결딴내고, 결국 국민들을 퇴보하게 만든 정권은 지금의 문재인 정권이 마지막이기를 바라는 열망이 너무 크기 때문이다.(2021. 5. 20.)

▶ 출처: 세계일보 기사에서 발췌(2021. 5. 19)

좌파의 정치공작 패턴,
윤석열에겐 안 통한다

좌파 인터넷 매체의 보도로 촉발된 고발 사주 건은, 정말 엉성하게 날조된 정치공작이 분명한데, 어제 오후 사자의 포효와도 같은 윤석열 후보의 국회 기자회견 한 방으로 정리된 듯하다.

그 공작을 주도한 기자와 제보자, 여기에 편승한 민주당 지도부, 김어준 그리고 정치공작 가담의 범죄자를 느닷없이 공익신고자로 감싸려던 대검찰청 감찰부장까지 모두 꼴좋게 됐다.

이렇게 1차 공작은 끝났지만, 윤석열 후보에게 정권을 뺏기기가 두려운 민주당 정권은 앞으로도 본선 때까지 최소 대여섯 번은 헛정보를 가지고 정치공작을 계속할 것으로 본다.

그런 공작은 대개 비슷한 순서 패턴을 밟는다.

1) 좌파 매체나 인터넷 언론에서 출처도 희미한 자료나 관련자 제보를 근거 삼아 폭로성 특종 보도를 낸다.

2) 그 보도를 구실로 민주당 지도부와 의원들이 앞다투어 떠든다. 면책특권 뒤에 숨거나, 인신공격하는 말 앞에다 '만약 사실이라면'이란 토를 달아 법적 책임을 피한다.

3) 이어서 또는 그와 동시에 김어준이나 주진우 등 좌파 방송, 유튜브에서 제보자나 보도한 기자 불러 확대 재생산 대담으로 판을 키우고 비튼다.

4) 며칠 뒤 시민단체들이 고발장을 제출한다.

5) 약발이 더 필요하면 며칠 후 그 공작 보도를 사실인 것처럼 믿게 만들 의인을 한 명 찾아낸다. 지난번 오세훈 시장 선거 때 생태탕집 아들 같은 사람이다.

이런 패턴으로 과거에 수시로 내용도 조악하고 실체도 없는 의혹 제기 정치공작이 벌어질 때마다 보수 세력은 늘 당하면서도 매번 휘청거리고 허둥대 왔다. 심지어 내부 분열까지 벌어져 자멸도 했다. 그러나 이번의 제1차 정치공작 고발 사주 건에서 보았듯이 윤석열 후보는 그렇게 호락호락하지 않다. 앞으로 필시 더 센 공작이 들어오겠지만 절대로 과거의 다른 보수 후보들처럼 맥없이 당하지 않을 것이다. 당해서도 안 된다.(2021.9.9.)

▶ 조선일보 기사에서 발췌(2021. 9. 8.)

그래도 우리가
'윤석열'인 이유

$\cdots$

    재작년 가을 이후, 10년 20년 계속될 것 같던 그 엄혹한 상황에서 위선의 황태자 조국의 가면을 벗기고, 울산시장 선거 부정을 기소하며, 추미애를 앞세운 광기에 꿋꿋이 버팀으로써, 정권과 분연히 맞서고….

    그리하여 마침내 올해 봄 서울·부산시장 보궐선거와 2022년 대선판의 거의 다 기울어졌던 운동장을 보수우파가 충분히 싸워 이길 수 있는 판으로 바뀌게 만든 이가 누구였나? 국힘의 기성 정치인들이었나? 바로 윤석열 당시 검찰총장이었다.

    만약 그때 윤석열 총장의 뚝심이 아니었다면, 또 총장직을 내려놓고 이 대선판에 들어오지 않았다면 국힘 경선이 이토록 흥분과 열기로 가득했을까.

    지금 윤석열 후보와 경합하는 국민의힘 다른 후보들이 아무리 오랫동안 정치를 하고 대통령 꿈을 꾸어왔다 해도, 만약 정치판의

'신상'인 윤석열 후보가 없었더라면 '이월상품'인 그들이 지금 같은 주목을 받을 수 있었을까.

그러니 막 시작한 윤석열의 그 정치 여정에 본의 아니게 몇 가지 실수가 있었다고 해도, 또 앞으로 혹시나 더 정치 경험 부족에 따른 실수가 생기더라도, 우리는 그와 함께 가야 한다. 그래야 저 낯 두껍고 일사불란한 세력을 이길 수 있다. 이것이 내가, 또 "우리가 윤석열"인 이유다. (2021.10.24.)

정권교체의
'소망'이 결정할
국힘 대선후보

 선거의 당락은 조직이냐 바람이냐로 결정된다고들 하지만, 내일 오후 발표될 국힘의 당내 경선 결과 윤석열과 홍준표 중 누가 후보로 되든지 그 결정적 요인은 조직도 바람도 아니고, 정권교체를 갈망하는 당원과 다수 국민들의 간절한 '소망'이 아닌가 한다.

 정치경력이나 선거 경험에 관계없이 그 소망을 더 잘, 더 많이 충족해 줄 것 같은 사람이 후보로 뽑힐 것이다. 또한 그러기를 진심 바란다.

 나는 그 후보가 누군지 대략 감을 잡고 있지만, 내일 국힘 전당대회가 대선 후보를 발표할 오후 2시 44분을 기다려보기로 하자.(2021. 11. 4.)

윤석열 총장,
대선 후보가 되다

　작년 4·15총선까지 연전연패, 완전히 기울어진 운동장에다가 보수우파 입장에서는 정권교체의 기수가 누군지도 모르고, 이길 희망조차 갖기 힘들던 판이었다. 그런 판이 작년 여름을 지나며 어느 순간부터, 한 번 해볼 만한 판으로 바뀌고, 대한민국을 송두리째 부정만 하는 세력으로부터 단 5년 만에 정권을 되찾아 올 수 있겠다는 자신감이 붙기 시작했다. 엄청난 변화였다.

　'빵'선에 선거 출마 경험도 전혀 없는 정치신인 윤석열 총장에게, 오늘 야당 대선후보의 대임이 주어진 뜻은 바로 그러한 변화의 중심에 그가 있었고, 그에게서 대한민국을 제자리로 돌리는 '정권교체'의 넉넉한 가능성이 보였기 때문일 것이다. 내일부터 시작될 4개월의 대선 장정에 가슴이 뛴다.(2021.11. 5.)

내년 대선에서
이길 수만 있다면…

　• • •
　단 5년 만에 저 지독한 무리에게서 정권 되찾아 오는, 이 어마어마한 대전(大戰)을 이기기 위해 만약 필요하다면 윤석열 후보가 무릎 꿇고 기는 일인들 왜 못하랴.

　저 능수능란한 상대 선수들 머릿속에 들어가 생각해보라!

　자기들 20년 집권하겠다고 온 천지 깔아놓은 밑밥이 얼마인데 겨우 한 번 임기 만에 그 좋은 정치권력과 영화를 그냥 순순히 내놓을 것 같은가.

　5년 전, 내부 분열로 허망하게 탄핵을 당하고, 그것도 모자라 살아있는 보수 대통령 두 사람이 모두 차디찬 감옥에 갇혀 있으며, 나라 운영의 모든 부분이 다 뒤죽박죽이 되어 버린 상태에서 정권교체를 바라는 온 국민의 기대와 염원을 등에 업고 갓 정치를 시작한 후보가 무슨 정치적 계산을 하고 염치를 따지겠나.

오직 국민만 바라보며 내년 대선은 무조건 이겨야 한다.

보수 쪽에선 생전 꿈도 못 꾸는 선거 조작 빼고는, 무슨 수를 써서라도 일단은 내년 대선에서 반드시 이겨야 하고, 그런 연후에 모두 다 제자리로, 정상으로 돌리면 된다.(2021.12. 4.)

윤석열에게서 보이는
'정권교체'의 가능성

　작년 4·15총선까지 연전연패, 완전히 기울어진 운동장에다가 보수우파 입장에서는 정권교체의 기수가 누군지도 모르고, 이길 희망조차 갖기 힘들던 판이었다

　그런 판이 작년 여름을 지나며 어느 순간부터, 한번 해볼 만한 판으로 바뀌고, 대한민국을 송두리째 부정만 하는 세력으로부터 단 5년 만에 정권을 되찾아 올 수 있겠다는 자신감이 붙기 시작했다. 엄청난 변화였다.

　'빵(0)'선에 선거 출마 경험도 전혀 없는 정치신인 윤석열 후보에게, 오늘 제1야당 대선후보의 대임이 주어진 뜻은 바로 그러한 변화의 중심에 그가 있었고, 그에게서 대한민국을 제자리로 돌리는 '정권교체'의 넉넉한 가능성이 보였기 때문일 것이다

　내일부터 시작될 4개월의 대선 본선 대장정에 가슴이 뛴다.(2021. 11. 5.)

윤 후보에게는
오직 민심이
대본이며 나침반이다

. . .

    김종인 국민의힘 총괄선대위원장이 1월 3일 윤석열 후보에게 "후보는 연기만 해 달라"고 해서 파장이 생기고 있다. 취지를 모를 바는 아니나 가당치 않은 말이다. 윤석열 후보에게 "연기"를 요구할 수 있는 감독 겸 연출자는 국민들 뿐이다

    정권교체, 구태정치의 교체를 열망하는 '민심'이 대본이며 나침반이어야 한다.

    (2022.1.5.)

꼭 단일화를,
그것도 기분 좋은
단일화를 해야 한다!

••••
  윤석열 후보가 대세인 것은 맞다.

  그건 상식이다. 역대급 불량품 여당 후보를 찍을 국민들이 35%는 절대 넘지 않을 것이기에!

  그렇더라도 윤 후보는 반드시 안철수 후보와 단일화를 해야 한다.

  하루라도 먼저 안 후보에게 다가가 함께 가자고, 공동정부를 꾸려가자고 해야 한다.

  지지율이 떨어지거나 상처를 입은 채로 힘이 빠져서 기어 오기를 기다리면 안 된다. 그런 계산은 참모들의 선거 공학일 순 있어도,

  두 후보의 지지자들에게 감동을 주고, 힘이 배가되는 단일화에는 가장 큰 장애물이다

  과거 이회창 후보가 이인제 씨를 안 붙들고, JP를 안 붙들어

DJP연합으로 두 번이나 실패할 때, 이회창 후보의 여론지지율은 지금 윤 후보보다 더 높았다고 한다.

그만큼 더 대세였지만 결과는 우리가 아는 바대로다

정권교체를 바라는 국민들의 처절한 열망을 생각한다면 윤 후보는 지금 대통령직 외에는 모든 것을 내려놓아도 괜찮다. 기성 정치권에 빚이 있나?

그 결단에 대해, 상식 있는 국민들은 다 박수와 지지를 보낼 거다. (2022.2.4.)

불면의 밤이
계속되지만
결국은 이긴다

어떤 여론조사건 작년 봄 이후 지금까지 정권교체를 바라는 여론이 재집권 여론을 밑돈 적은 단 한 번도 없었다. 항상 높았다. 그것도 압도적으로!

좌파 여당에 비해 조직력이 허약한 보수 야권에 갑자기 불어온 동남풍이었다. 큰 선물이었다.

그 바람의 중심에, 그 선봉에 윤석열이란 인물이 있었다.

반면 여당의 주자는 누가 봐도 그 자질이나 인성이 역대급 불량품이다.

그뿐인가 대통령과 여당은 계속하여 북한과 중국 눈치만 살피며 경쟁하듯이 국민들 염장을 질러왔다.

능숙한 재주 하나는 오직 대책 없는 퍼주기로 나랏빚 늘리는 것뿐이었다.

이런 좋은 여건에도 보수우파가 진다면 단지 이번 한 번만 지는 것이 아니다.

제2의 윤석열이 나오기 힘들어진 현실에서 이번 대선에 만약 지면 이제 보수우파가 정권을 되찾아 올 일은 앞으로 영영, 어렵다고 봐야 한다.

그리고 우리가 자유민주주의와 자본주의, 법치주의가 원칙인 나라에 사는 날도 거의 없게 된다고 봐야 한다.

사즉생이요 생즉사다.(死卽生 生卽死)

나라와 국민을 퇴보시키는, 광기의 정권을 단 하루도 더는 보고 싶지 않아 하는 수많은 우파 유권자들이 불면의 밤을 보내고 있다.

그런 염원 때문에도 반드시 길이 열릴 것이다.

이것이 우리가 반드시 이길수밖에 없는 이유다. 믿자!
(2022.2.27.)

尹·安
단일화의 의미

．．．．
단일화가 성사되었다. 대선을 불과 1주일 앞두고!
단일화는 단순히 지지율 몇 퍼센트 오르는 것을 넘어
중도층과 범보수가 모두 결집하는 기폭제가 되면서
선거판의 대세를 장악하게 되는 것!
남은 과제와 모든 이슈를 다 흡수하고, 도움이 되는 방향으로
녹여낼 용광로가 될 것이다.

이제 앞만 보고 가즈아!! (2022.3.3.)

PART 3

반드시,
윤석열

〈이 부분은 초판본에 없었던 내용으로 2024년 12
월 3일 윤 대통령의 비상계엄 후 벌어진 내란몰이와
탄핵 공작에 관해 페이스북에 쓴 글중 일부임. 편집
자 주〉

탄핵 법정에서
승리할 수 있다

어제(12월 14일) 국회가 아무런 사실조사 절차도 없이 야당의 주도와 일부 여당 의원들의 가세로 윤 대통령에 대해 탄핵소추를 의결함에 따라 또다시 대통령의 또다시 대통령에 대해 국회의 탄핵소추가 이루어졌다. 그리하여 탄핵 법정이 열리게 되었다. 이 법정은 나라의 법치주의를 바로 세우는 전쟁이다

정치꾼들이 작당한 허울뿐인 '민주'가 아니라 일반 국민 누구에게나 공평한 '법치'로 맞서면 이 전쟁에서 이겨서 헌법정신과 법치주의를 바로 세울 수 있다. 그러자면 국민들이 눈을 부릅뜨고 함께 하면서 지켜봐 주어야 한다.

탄핵은 헌법에 나와 있는 제도이지만 그렇다고 해도 막 쓸게 아니라 신중해야 할 제도다. 그러나 지금 야당의 의원총회나 다름없는 우리의 국회는 도대체 그런 분별이 없다.

5천만 국민의 직접 선거로 선출된 임기제 대통령이야말로 국

민의 최고 대표다. 사실상 대부분이 공천의 효과만으로 당선된, 200명이 채 안 되는 야당 의원 개개인들보다 민주적 정당성 측면에서 훨씬 앞선다. 그들은 얼마나 무결한가?

법리나 판례상 계엄의 전제 상황이 되는 국가비상사태의 판단 권한은 대통령에게 있다. 윤 대통령이 그냥 국가비상사태라고 보았겠나. 계엄 선포는 국민 누구에게든 분명 충격적이었지만 그 행위가 형법상의 내란죄가 될 수 없는 이유와 법리는 차고 넘친다.

오히려 내란죄의 성립요건에 규정된 국헌문란의 실태, 그로 인한 국정농단의 책임은 야당 의원들에게 있다고 보는 게 상식이다.

이번 탄핵 심판을 통해 야당의 끊임없는 임기제 대통령 끌어내리기 책동을 기각시켜야 다시는 이런 비민주적 비상식적 정치폭력이 되풀이되지 않게 된다. 그러자면 국회를 장악한 정치꾼들보다 상식 있는 국민들이 먼저 그리고 항상 깨어있어야 한다.

이번 탄핵 심판은 비록 극약 처방 같은 안타까운 일이었지만 헌법 절차에 의해서 두세 시간 만에 끝난 계엄을 다짜고짜 내란죄로 몰고 있는 수사와 거야(巨野)의 국회가 국회법에 규정된 조사 청문절차도 없고 사법적으로 확인된 아무런 사실 증거도 없이 몰아간 중대한 절차적 허물을 안고 출발한다.

이 정권 창출에 힘을 보탠 책임감으로 능력껏 도울 것이다. 수사기관이나 법정에 변호인으로 들어가는 것만이 돕는 방법은 아니다.

이 투쟁은 법리 싸움만이 아니라 민심이 똑바로 사태를 알고 도와줘야 이길 수 있다. 변호인들과 협력하여 국민에게 국헌문란 세력의 내란죄 몰이와 탄핵의 부당성을 알리고, 수사기관과 법정의 판관들이 함부로 정치 선동과 왜곡된 일부 국민들의 분노에 휘둘리지 않게 해주는 일도 중요하다고 생각한다.

나는 약 8년 전 박근혜 대통령이 법리에 다 맞아서 탄핵 소추되고 헌재에서 파면 결정이 난 것으로 보지 않는다. 어떤 대통령이라도 막을 수 없었던 세월호 사고와 구조 실패, 나중에 가짜로 다 드러난 밀회설이나 비아그라 같은 날조된 정보, 옷값 지급 장면 같은 허접한 일에 국민들의 정서가 속았다. 그렇게 오인한 국민들의 잘못된 여론과 분노가 당시 헌법재판관들을 혼돈에 빠뜨렸다는 견해가 많다.

이번엔 결코 그런 일이 없어야 한다. 국민들이 깨어서 재판관들이 혼돈하거나 위축되지 않게 해야 한다. (2024.12.15.)

공수처가 윤 대통령을
불법으로 '체포'하려는 이유

공수처가 도를 넘어서 윤 대통령을 '체포'하려는 이유를 저는 두 가지로 봅니다.

첫째는 현직 국가원수인 대통령에게 수갑을 채우고 포승줄로 묶어 끌고 가는 그 모습을 야당과 좌파를 비롯하여 윤 대통령을 싫어하는 자들에게 '보여주기' 하려는 것입니다. 또 그래서 정말 대통령이 대통령직을 유지하기가 힘들 만큼 큰 잘못을 범한 것처럼 시각적으로 낙인찍으려고 합니다.

둘째는 막 시작된 헌재의 탄핵심판절차에 윤 대통령이 출석 못하게 발을 묶으려는 저의도 있다고 봅니다. 윤 대통령이 헌법재판소 변론기일에 출석해서 재판관들에게 계엄까지 선포하게 된 국가 비상 상황을 설명하려면 관저에서 나와야 하는데 만약 나오면 체포하여 탄핵 심판의 법정 출석을 막겠다는 의도일 겁니다

더구나 체포영장 기간을 이례적으로 1월 27일까지 길게 받았다고 합니다. 이만큼 치밀한 자들입니다. 이것이 공수처장이나 그 직원들의 머리만으로 짜낸 생각이겠습니까? (2025.01.12.)

경찰만이라도
제자리를 지키라

지금 우리나라는 대통령과 국무총리까지도 권한이 정지된, 건국 이래 초유의 위기 상태에서 그것도 모자라 실세 정치인 단 1명도 구속수사를 해본 경험 없는 공수처라는, 작은 조직이 경찰과 합세하여 아직 현직 국가원수인 대통령을 체포, 구금하겠다고 덤비는 상황에 있다.

그런 공수처가 대체 무엇에 쫓기는지 어제는, 대통령에 대한 체포영장 집행을 밀어붙이기 위해서 국방부와 경호처에 "대통령 경호할 생각 말고 체포집행에 협조하라"는 투의 공문을 보냈다고 한다.

즉 경호처 직원들이나 경호를 지원하는 군 장병들이 공수처의 대통령 체포집행을 막게 되면 특수공무집행방해 등 죄로 형사처벌을 받고 집행과정에서 발생한 인적, 물적 손해의 배상책임도 질 수 있으며, 나중에 퇴직 시 연금 수령까지도 불이익을 당할 수 있다는 점을 경고한 것이다.

이는 공수처가 경호처 직원들과 경호 지원 병력에 꼼수 같은 겁박을 하고 이간계까지 쓴 것으로 봐야 한다. 정말 치졸하기 짝이 없을 뿐 아니라 얼마 전 공수처가 최상목 권한대행에게 강짜 부리듯 체포 협조공문 보낸 것까지 친다면 법집행기관 중에 이런 무리수를 동원한 사례는 수십 년 법조 생활에서 일찍이 본 적이 없다. 한마디로 끝판왕 행태다. 도대체 북한 김정은이나 그의 간첩들에게 공수처가 현재의 절반 정도라도 용맹을 보여줄 수 있을까?

여기서 분명히 밝힌다. 경호직원들에겐 목숨까지 건 대통령 경호가 불법이 아니라 적법한 임무 수행이며, 오히려 공수처가 수사권과 법원관할을 어겨가며 체포영장을 받아 체포를 시도하는 것이 불법이고 여태 행위이고 또한 그런 불법에 동조하는 경찰 역시 마찬가지다.

따라서 공수처의 겁박과 달리, 증거인멸이나 도주 우려가 전혀 없고 탄핵 법정 출석 준비 중인 대통령에 대해 불법 부당한 체포를 시도하고 있는 공수처나 그 일에 경찰을 동원시킨 지휘부가 그 불법행위에 따른 책임을 오롯이 지게 될 날이 곧 올 것이다.

또한 만약 경호처 직원이나 경호 지원 병력이 혹여 경호 임무 수행을 이유로 경찰로부터 형사입건이 되거나 손배소송을 당하게 될 경우, 본인을 비롯하여 뜻있는 변호사들과 시민단체가 국민변호인단이 되어 무료 변론과 지원에 나설 것을 약속한다.

무엇보다 경찰은 걸음마 기관 공수처와 달리 1948년 대한민국 건국과 동시에 국가 안위와 국민의 안녕을 지켜온 근간 조직이다. 대다수 경찰 직원들은 윤 대통령을 비롯한 보수 정부가 군·경찰·소방 등 제복 근무자에 대한 처우나 보훈 그리고 국민적 존경 기풍 조성에 민주당 정부 시절보다 훨씬 더 진심이라는 것을 알 것으로 믿는다.

그뿐만 아니라 경찰조직은 그간 각고의 노력으로 검찰과의 수사 지휘 관계에서 겨우 자기 자리를 잡았다. 그런 상황에서 탄핵 정국에서 국민적 지지가 치솟고 있는 현직 대통령을 다짜고짜 불법 체포부터 하겠다는 공수처의 영장 집행 지휘에 따를 것인가. 그런 지휘에 순응하기보다 자기 자리로 돌아가 경찰 본연의 임무에 충실해 줄 것을 간곡히 호소한다. (2025.01.14)

정말 이해할 수 없는 일들,
생각해 볼 몇 가지

    • • • •

공수처라는 기관에서 현직 국가원수인 윤 대통령을 수사하고 체포하는 것이 왜 불법인지, 얼마나 불법인지를 쉽고 짧게 설명한 영상이 눈에 띄어 공유한다. 부디 꼭 들어보시기를 바란다. 혹시 이 설명에 100% 동의를 못 하는 사람도, 그런 문제들이 피조사자 입장에서 그냥 해보는 소리가 아니고 상당한 이유가 있다고 느낄 것이다. 그것조차 못 느낀다면 법치주의를 거론할 자격도, 함께 이 시대 이 나라를 살아갈 자격도 없어 보인다.

하룻밤이 지난 지금도 이해할 수 없는 것은 공수처가 뭐 대단한 기관이고 그 직원들이 무슨 수사 경험이 있기에 도대체 현직 대통령을 체포하겠다고 4,700명 경찰 인원을 동원하는가. 그 경찰들은 따로 하는 일 없이 체포조에나 동원되는 청부 인력인가?

최상목 대통령권한대행은, 공수처는 내놓은 조직이라 쳐도 경찰청 국수본이란 곳이 이런 초법적이고 무도한 짓을 하는 데도 중지시키지 않고 어정쩡한 말밖에 못 하는가.

그리고 헌법재판관들은, 자기들이 탄핵 변론기일을 1월 한 달 만에도 네 번이나 따박따박 잡아놓은 상태에서 그 심판정에 나가야 할 피청구인 대통령을, 어디 도피하지도 않는 대통령을, 공수처와 경찰이 저토록 무도하게 체포하여 방어권 행사를 막겠다는데도 왜 그 영장 효력을 따져보거나 체포집행 자제를 요구하지 않는가.(2025.1.18.)

대통령의 눈과 귀,
생각할 자유까지 막으면 안 된다

· · · ·

　엄연한 현직 대통령을 단지 내란 범죄의 "증거인멸 우려 있다"라는 여덟 글자로 신체를 구속하여 구금시설에 가두었다. 한 나라의 대통령으로서 권한 행사의 하나로 계엄 선포한 경위에 관해 일개 수사관의 일문일답 조사에 응하지 않겠다는 뜻을 분명히 밝혔음에도, 자기들의 존재감 과시 외에는 관심이 없는 그 수사기관은 수사권을 앞세워 대통령에 대해서 변호인 외에는 당분간 가족 기타 외부인 접견도 하지 못하도록 금지했다고 한다. 정말 기가 차는 일이다

　윤 대통령은 국회의 일방적 탄핵소추로 지금 권한 정지가 되어 있지만. 탄핵 심판 결과에 따라 복직 가능성이 얼마든지 열려있는 현직 대통령이다. 복직할 때를 대비했을 때 권한 정지 기간 중의 행동이나 정보접근반경을 과잉 억압하는 것은 매우 부적절하고 이는 국익 면에서 재앙이 될 수 있다
　직무와 권한에 복귀할 때를 대비하여 대통령은 권한 중지 기간

에도 시시각각 진행 중인 현재의 국내 상황을 소상히 파악하고 있어야 한다.

나로서는 구체적으로 제시할 근거는 없지만, 노무현 전 대통령과 박근혜 전 대통령이 탄핵 소추되어 권한 정지되었을 당시에도 청와대에서 참모들이나 필요하면 국무위원들로부터 최소한의 보고를 받고 필요한 사람을 만났을 것으로 나는 확신한다. 당·부당의 문제가 아니라 마땅히 그랬어야 할 것이기 때문이다.

그리고 또 그 두 분의 대통령 권한 정지 당시에는 대통령 다음으로 국정 전반을 장악하고 있는 국무총리가 권한대행을 맡고 있어 유사시 정보의 인수인계가 어느 정도 가능했다.

그러나 지금은 대통령 권한 대행의 권한대행 체제로서 자기 부처 일 관리도 바쁜 선임 장관 한 명이 대통령 권한 대행을 맡고 있는 기형적인 구조이다. 그런 상황에서 대통령이 지금 구치소에 갇혀서 사람도 만날 수 없고 외부 정보도 구치소 내 제한된 TV 방송 뉴스 시청 외에는 아무것도 보지도 듣지도 못한다면 이는 엄연한 현직 대통령의 눈과 귀를 막고 있는 것이다.

이런 무지와 무모함이 국제사회 10위권 문명국가 대한민국의 현실이라는 점이 믿기지가 않는다.

윤 대통령이 탄핵 심판 준비도 하기 어렵게 신체 자유를 막는 것도 문제지만 비록 구치소 밖으로는 못 나가게 하더라도 직무권한 복귀에 대비한 정보 접근 처우는 일반 형사 피의자와는 달라야 한다.

지금 공수처는 도대체 국가의 외교·안보와 내치 등 국정에 무한 책임을 지고 군 통수권자 역할을 하는 대통령에 대해 가장 기초적인 인식조차도 없는 행태를 보여주고 있다.

이런 문제를 해결하려면 구치소 등 교정시설과 피구금자 관리 전반을 관리·감독하는 법무부 장관이 해야 하는데 법무부 장관도 직무 정지 상태이고, 이제 곧 공수처가 윤 대통령에 대한 수사권을 넘기게 될 서울중앙지방검찰청의 검사장도 직무정지 상태다. 헌법재판소에서 그들의 직무 정지가 언제 풀릴지도 모른다.

양원제가 아닌 단원제 국회 국가에서 겨우 150명 과반수의 의결만으로 이렇게 주요 공직자의 모든 직무권한과 책임을 다 묶어 두는 것이 정말 온당한가?

헌법재판소도 이 부분에 대해서 엄중한 인식을 가져야 한다. 윤 대통령에 대해 자신들이 진행하는 탄핵소추 심판에 방어권 행사나 기타 변론심리가 충실히 이루어질 수 있도록 대통령의 신체 자유 구속이 온당한지 여부에 대해서 살펴야 할 터인데도 단 한마디 목소리도 내지 않았다.

또 무엇보다 국정 안정을 위해 대통령을 대신해서 국정을 총괄해야 하는 권한대행 역할을 국무총리가 수행할지, 선임 최상목 장관이 계속하는 것이 맞는지 가리기 위해 국무총리 탄핵소추 건을 빨리 판단 결정해야 한다.

그리고 대통령에 대한 구금시설 내 처우나 수사와 직결된 법무부 장관과 서울지검장에 대한 권한 직무적이지 상태의 효력 정지의 가처분도 최대한 신속히 결정해야 한다.

　이런 일들은 윤 대통령 개인을 봐주느냐 마느냐의 문제가 아니라 대한민국이란 나라의 국정의 영속성을 위한, 정말 필요 최소한의 조치라 생각한다.(2025.01.20.)

한덕수 대행의
탄핵 심판이 우선이다

　윤 대통령 탄핵 심판을 심리 중인 헌법재판소는 연휴 직후인 2월 3일 그 심판에 매우 큰 영향을 미치는 중요한 사건 결정을 선고하겠다고 합니다.

　그 사건은 최상목 권한대행이 국회 추천 헌법재판관 후보 3명 중 민주당이 추천한 1명(마은혁)의 임명을 여야 합의할 때까지 임명하지 않겠다는 것이 적법한지 여부입니다.

　헌법재판소가 만약 그것이 적법하다고 결정하면, 더 논할 것 없이 8인 재판관 체제로 계속 가면 되고, 만약 그것이 위법이라고 결정하면, 최상목 권한대행이 그 1명을 재판관으로 추가 임명해야 하는가 하는 문제가 생깁니다. 그 경우에도 최 대행이 반드시 임명해야 하는 것은 아니라는 견해가 많지만, 혹시 후자 쪽으로 결정이 날 경우 안고 있는 문제점을 반드시 짚고 가야 합니다.

　그 문제점이란 헌법재판소는 2월 3일에 최상목 권한대행의 헌법재판관 부(不)임명건 결정 선고를 강행하기보다, 따로 심판 계류 중인 한덕수 총리 권한대행에 대한 탄핵소추 건을 먼저 심리 결정하는 것이 맞는다는 것입니다.

그 분명한 이유는 이렇습니다.

아시는 대로 최상목 장관 대행은 국회가 한덕수 총리 권한대행을 탄핵소추 하는 바람에 다시 권한대행을 승계한 사람입니다. 그런데 한덕수 대행에 대한 국회 탄핵소추는 의결정족수(국회의원 200명)를 채웠는지 여부가 심각한 논란거리입니다.

만약 의결정족수 미달로 그 탄핵소추가 무효라면 윤 대통령 탄핵소추에 따른 권한대행은 여전히 한덕수 총리이지 최상목 장관이 아닙니다. 최 장관이 권한대행이 아니라면 헌법재판관 임명권도 있을 리 없습니다.

따라서 헌법재판소는 최상목 대행의 헌법재판관 불임명건 결정에 앞서, 한덕수 총리에 대한 국회의 탄핵소추가 의결정족수를 충족했느냐를 먼저 심리, 결정하는 것이 법리적으로나 상식 논리 어느 모로 보나 순서가 맞는 겁니다.

그런데도 헌재가 순서를 바꾸어 최상목 대행 건부터 먼저 결정하자는 것은 "바늘에 실을 꿰지 않고 바느질하겠다"라는 격입니다.

이 문제를 윤 대통령 측 대리인들이 변론 과정에 제기하여도 현재 헌법재판소장 부재 상태에서 소장 대행을 하는 문형배 재판관은 재판관들 평의를 거쳤다는 일방적 이유로 불합리하고 부당한 재판을 강행하려고 합니다.

그렇게 밀어붙이는 이유는 익히 짐작됩니다. 이렇게 헌법재판소가 흘러가는 것을 그냥 지켜만 봐야 하겠습니까. 이를 막아야 하지 않겠습니까?

한 총리님, 최 장관님, 헌법재판소에다가 재판순서 똑바로 하라고 한마디 하십시오. (2025.01.29)

상식적으로 생각하고,
상식의 눈으로 바라봅시다

▶ 상식1

우리 역사 속에 종종 나오는 '○○○의 난(亂)'에서 보듯이 내란
이란, 현재 권력을 갖지 않은 쪽에서 권력을 가진 집권자인 왕이
나 임금 또는 집권 세력을 향해, 그 권력을 빼앗거나 차지하고자
일으키는 거사 또는 폭동을 의미합니다.

헌법에 따라 선출된 대통령제 국가에서 현재 집권자인 대통령
이 무엇 때문에, 무슨 내란을 일으킵니까. 국민이 선거로 뽑은 임
기제 대통령이 혹시 문제가 있다면, 문제 있는 일을 했다면 선거
로 평가할 일이지 임기 중의 대통령을 잡아 가두고 임기 중에 끌
어내리려는 행태에 오히려 내란적 요소가 더 많다고 봅니다.

▶ 상식2

대통령이 계엄을 선포하고 군대를 동원한 것이 '폭동'이고, '불
법'이고 '내란'이라는 주장들이 있습니다. 그런데 계엄은 헌법에

분명하게 나와 있는 대통령의 비상권한중 하나입니다. 그리고 계엄의 뜻을 검색해보면 알겠지만, 계엄에는 기본적으로 군대가, 군인들이 동원됩니다.

그렇기 때문에 계엄에 관해서는, 대통령이 왜 계엄을 선포했는지, 계엄 선포 전의 국정 상황을 대통령이 왜 계엄이 필요한 국가적 위기 상태로 봤는지를 가지고, 과연 그 판단이 맞았나 틀렸냐를 따져야지 왜 군대를 동원했냐 비난하는 것은 이치에 맞지 않습니다. 군대를 동원해서 헌법이 정한 한도를 벗어나 국민을 짓밟거나 다치게 했다면 얘기는 다르겠지만 말입니다.

야당이 대통령의 임기 초반 2년 6개월 내내 탄핵 남발과 입법 독주, 예산 자르기로 국정을 사실상 마비시키고 종중(從中) 종북(從北) 세력이 활개 치게 만든 현실엔 눈을 감고서, 대통령의 6시간 (실제로는 2시간) 계엄으로 마치 큰 재앙이 벌어진 양 흥분하는 세상입니다.

흥분과 어수선함 속에서도 상식적으로 생각하고, 상식의 눈으로 바라보아야 답이 보인다고 생각합니다. (2025.02.01.)

PART 4

윤석열의 리더십

윤석열의 리더십

<윤 대통령이 후보였던 시기(2022. 1)에 이 책의 초판을 내면서 윤석열 후보의 리더십에 관해 정치평론가 고성국 박사(고성국TV 진행자)와 대화를 나눈 바 있다. 그리고 2023년 8월, 실제로 대통령으로서 보여주고 있는 윤석열 대통령의 리더십이 어떠한지에 대해 다시 한번 대담을 나눈 바 있다. 따라서 2차 대담은 초판본에 없었던 내용이다. 편집자 주>

1. 담론을 시작하며

고: 윤석열 후보의 40년 지기인 석 변호사가 페이스북에 그동안 윤석열에 관해 쓴 글을 엮은 책이 곧 출판된다고 합니다. 그래서 이 책에 담을 〈윤석열의 리더십〉에 대해 지금부터 토론하고자 합니다.

석: 검찰총장 윤석열이 문재인 정권에게 탄압받던 때, 제가 했던 생각들을 페이스북에 글로 남긴 것입니다. 그때는 윤석열이 정치를 한다거나 대통령 후보가 될 것이라는 걸 전혀 생각하지도 못했습니다.

고: 문재인 정권이 윤석열 총장을 탄압하는 명분으로 내세운 게 이른바 검찰 개혁이었거든요. 석 변호사께서는 검찰 개혁에 대해

서 어떻게 생각하십니까?

석: 검찰청에서 다루는 형사 사건의 98~99%는 일반 사건입니다. 뉴스에 나오고 사회적으로 논란이 되는 사건은 1~2% 정도밖에 안 됩니다. 공수처에서 하는 일도 여기에 해당하는 것으로 일반 국민들은 사실 공수처와 아무 상관도 없습니다. 그 1~2%에 대해 정치권력이 자기들한테 불편한 수사를 하면 검찰을 마구 공격하고, 자기들한테 유리하게 수사를 하면 호의적으로 반응하는 실정입니다.

반면에 일반 검찰청과 법원에서 다루는 나머지 99%의 사건에서는 일반 국민들이 스스로의 법적 구제와 권리 보호를 위해 국가의 사법 시스템에 의존하고 있습니다. 그런 영역에서 검찰이나 법원이 고쳐야 할 부분이 많습니다. 타성적으로, 무의식적으로 벌어지는 권력의 횡포나 남용이 많거든요. 일반 국민들을 필요 이상으로 불편하게 하고 권위주의적으로 대하는 그런 부분들을 손봐야 합니다. 그것이 제가 생각하는 검찰 개혁입니다. 하지만 이런 것들은 뉴스의 관심을 못 받지요. 정치인들에게도 관심 사항이 아닙니다.

고: 그렇군요.

석: 그래서 그들의 검찰 개혁은 구실일 뿐이라는 거죠. 국가와 국민 전체의 이익을 생각하는 것이 아니라 자기네들의 정치적, 권력적 이해관계일 뿐입니다.

고: 검찰의 모토가 '국민 인권 수호를 위한 최후의 보루'인데, 국민

전체의 인권 보호를 위해 관행과 악습을 고치는 것이라면 누가 반대하겠습니까?

석: 그렇습니다. 문 정권이 온갖 수로 밀어붙인 검찰 개혁의 결과물로 나온 것은 두 가지입니다. 하나는 공수처를 만들었고, 또 하나는 검경수사권 조정으로 검찰의 수사 권한을 대부분 경찰로 넘겼습니다.

고: 6개 중대 범죄를 제외하고 전부 경찰로 넘겼죠?

석: 그런 결과로 지금 많은 부작용이 발생하고 있습니다. 과거에는 경찰이 수사해서 그것이 소홀하거나 지연되거나 편향되었을 경우 피해자가 검찰에 하소연할 수 있었지요. 사건 담당 검사가 넘겨받아서 수사 상황을 살펴볼 수 있고, 필요하면 검사가 직접 수사를 할 수도 있었으니까요. 지금은 그런 권한이 경찰로 이양되어 경찰이 수사 전체를 핸들링하다 보니 이를 견제하거나 바로 잡는데 시간이 오래 걸리는 구조입니다.

고: 경찰이 멋대로 수사를 종결시킬 수도 있구요.

석: 경찰이 자기들 관점에서 볼 때 법적으로 문제가 없다고 하면 검찰로 송치하지 않고 자체적으로 종결시켜 버립니다. 조사하고도 기본적으로 검사의 판단을 안 받아도 되는 구조로 만든 거죠. 지금 시스템으로는 수사가 제대로 진행이 안 됩니다. 과거에는 고소 고발장을 내면 고소인의 의견을 열흘 만에 들을 수 있었습니다. 하지만 지금은 경찰에 너무 많은 부하가 걸려 사건 관계인을 부르는 데만 4~5개월이 걸립니다.

고: 사건처리가 늦어져 피해자의 피해가 커진다는 거잖아요?

석: 그뿐만 아니라 국가의 법 집행기관이 선량한 피해자나 국민의 권리를 보호, 구제해 주지 못하는 것에 대한 불신이 쌓입니다.

2. 윤석열, 한번 해볼 만한 선거판을 만들다

고: 이번에 출간될 책의 핵심은 윤석열 리더십인 것 같아요. '그래도 윤석열'이라고 하셨는데, 무슨 뜻입니까?

석: 윤석열의 정치는 현 정권의 문제점을 드러내는 데서 시작됐습니다. 이 정권은 한 마디로 '내로남불 정권'입니다. 스스로가 엉망이면서 그걸 합리화하고, 국민을 네 편과 내 편으로 가르고 국가적 문제에 대해서도 충분한 고려와 검토 없이 막무가내로 밀어붙이죠. 이런 것에 대한 문제 제기조차도 무력화해 자기들을 건드리지 못하게 만듭니다.

보수 세력은 기울어진 운동장에 서 있었습니다. 문 정권의 거듭된 실정에도 불구하고 반전의 기회를 잡지 못하고 있었죠. 하지만 윤석열 후보가 등장함으로써 한 번 해볼 만한 선거 구도를 만들 수 있었습니다.

윤석열이 자기를 임명해주고, 발탁해준 임명권자에 대해서도 할 말은 하고, 할 일은 하는 모습으로 비친 것이 국민들에게 새로운 모습으로 비친 게 아닌가 생각합니다.

국민들이 윤석열에 열광한 이유는 그의 정치력에 있지 않습니다. 그에게 노회한 정치인들이 보여주는 경험과 연륜은 없습니다. 그래서 때로는 실수를 하기도 하지만 그만큼 때 묻지 않았고 정치권에 진 빚도 없습니다. 이런 윤석열이야말로 현 정권을 교체하고 이재명에게 승리할 수 있는 최고의 후보라 판단했기에 국민들이 그를 선택한 것이라고 봅니다. 그런데 정치 경험 선거 경험이 전혀 없는 윤석열이 곧바로 최고의 선거게임에 뛰어드니 이래저래 부족한 부분이 어쩔 수 없이 드러나고, 부인 문제나 말실수가 드러나면서 지지율이 출렁거린단 말입니다. 그러나 이 시점에서 뭐니 뭐니 해도 윤석열 후보를 능가할 후보는 없습니다. 그래서 고심한 끝에 "그래도, 윤석열"이라고 책 제목을 정했습니다.

3. 윤석열의 리더십

고: 윤석열 후보가 자신에게 몽니를 부리는 김종인 위원장에게도 끝까지 예의를 갖추고, 이준석 대표의 패악질에도 불구하고 그를 결국 포용해내는 것을 보면서 옛날 일화가 떠올랐어요.

일본 전국 시대, 불같은 성정으로 유명한 오다 노부나가(織田信長)는 두견새(時鳥, 철 따라 우는 새)에게 울라고 먼저 명령을 하고, 새가 울지 않으면 단칼에 새를 죽였다는 겁니다. 반면에 잔기술이 뛰어난 도요토미 히데요시(豊臣秀吉)는 온갖 재주를 다 부려서 새를 울게 하려고 노력을 했다는 거죠. 하다못해 원숭이 시늉까지 했는데 결국 실패했답니다. 마지막으로 도쿠가와 이에야스

(德川家康)는 '새가 배고프고 힘들면 울겠지!' 했는데, 마침내 너무 힘들어진 새가 울었다는 얘기입니다. 도쿠가와 이에야스는 결국 역사의 승리자가 되어 에도 막부를 세우게 됩니다. 이런 점에서 제가 본 윤석열 후보의 스타일이 도쿠가와 이에야스와 유사하다고 느꼈습니다. 윤석열의 리더십에 대해서는 어떻게 보세요.

석: 저는 지난번 유튜브 〈고성국 TV〉에서 고 박사님께서 윤석열의 리더십을

1) 권력의 집행과 멈춤이 있는 철학이 있는 정치인
2) 이중잣대와 내로남불을 배격하는 법치주의자
3) 공정한 경쟁을 핵심으로 하는 자유시장주의자
4) 자유를 핵심 가치로 하는 자유민주주의자
5) 국민에게 충성하는 국민 우선주의자
6) 박근혜 이후 10여 년 만에 나타난 대중정치인으로 6가지로 구분해서 설명하신 바 있었지요. 저는 그 방송을 서너 번 반복해서 들으면서 너무나 공감이 되고 적확하다고 생각했고요.

거기에 더하여 저에게 윤 후보의 리더십에 관해 더 없느냐 묻는다면 저는 윤 후보의 몸에 밴 인내심을 이야기하고 싶습니다. 추미애가 그렇게 엄청난 도발과 공격을 할 때 일일이 같이 맞붙기보다 인내심으로 견뎌냄으로써 윤석열이 오히려 이기고, 결국은 국민적 신망을 한 몸에 받게 되지 않았습니까. 이게 다른 여섯 가지 특성과 대등한지 모르겠지만 바로 윤석열의 인성입니다.

그리고 윤석열은 기본적으로 성실합니다. 공직 생활하면서 어느 정도 높은 직책까지 오른 사람들은 기본적으로 70~80점 정도의

성실성은 가지고 있습니다.

고: 새벽 일찍 일어나서 뭔가 시작하지요.

석: 관료들은 조직 생활 속에서 결과물을 만들어내야 하니까요. 최고의 위치에 올랐다는 것은 그냥 추첨해서 오른 것이 아닙니다. 다음 날까지 당장 보고서를 만들어야 하는 상황이 간혹 벌어집니다. 어떤 상황이 일어났을 때 즉각적인 해결책을 만드는 것을 평생 해온 사람들인데, 정치권이 움직이는 것을 보면 답답하고, 뻔히 아닌 게 보이는데 대개 사람들은 입을 다물고 있고….

고: 되는 것도 없고, 안 되는 것도 없는 게 정치판이지요.

석: 이런 관료적인 관점이 다른 사람들 눈에는 성급함으로 보이는 거죠. 또 기존의 정치인들이 움직여주지 않아 혼자서만 용을 쓰다가 마는 상황도 자주 있구요.

그런데 윤석열 후보는 좀 다릅니다. 윤 후보는 20대에 사법시험에서 9수를 하지 않았습니까? 자기가 동기생과 비교하면 학력이 떨어지거나 부족했다면, 또는 가정이 어려워서 다른 일 하다가 늦었다면 핑곗거리라도 있을 텐데 참으로 답답했을 겁니다.

한참 왕성한 시기에 그런 인고의 세월을 보내면서 자존심도 상해가며 인내심을 키웠고 친구들이나 후배들은 자기보다 앞서가고 있었죠. 늦게 시작한 만큼 조급할 수도 있었겠으나 윤 후보는 조급하지 않고 뚜벅뚜벅 자신의 길을 걸어왔습니다.

윤 후보가 검찰총장직을 수행할 때, 추미애 씨가 정말 판사 출신이 맞나 할 정도로 위법부당하게 지휘권을 휘두르고 검찰총장의 권한을 통제하고 그에 부화뇌동하는 일부 법조인들과 함께 검찰총장을 연일 비난하며 난도질하고 있었습니다. 그런 상황에서 웬만한 사람 같으면 강하게 반발하고 뛰쳐나왔을 텐데, 윤 후보는 그렇게 하지 않았지요. 총장이 무슨 임기에 연연하느냐는 비난을 들으면서도 계속 버텼습니다.

윤 후보의 인내심은 총장직을 던지고 나와서 자택에서 3개월 동안 두문불출한 채 칩거하는 과정에서도 드러납니다.

고: 그때 4월 7일 재보궐 선거도 있었죠.

석: 우리나라에서 대통령에 도전할 후보가 그런 식으로 오랫동안 칩거를 하면서 자기의 시간을 가졌던 정치인이 있었습니까? 없었던 걸로 기억합니다. 저는 그때 윤 후보처럼 말을 아끼고 참을 줄 아는 성정이 앞으로 도움이 될 거로 생각했어요.

기민하지 못한 게 아니냐고 비판하는 분들도 있지만, 참을 줄 아는 사람이 경청할 수 있는 능력까지 갖춘다면 그것은 정치인으로서도 대단히 큰 장점이 아닐까 생각합니다.

4. 문 정권의 총장실 유폐와 인내의 철학

고: 제가 〈윤석열 리더십〉 특강을 준비하면서 윤석열 후보를 제대로 만난 적이 없어서 자료를 가지고 생각을 정리할 수밖에 없었습니다. 검찰총장 취임사는 뻔해 보이지만 2,150여 명의 검사들과 수사관들에게 일종의 지침을 내리는 의전적인 성격도 있어서 그 자체로 굉장히 중요한 자료입니다. 윤석열 후보의 생각을 알려면 검찰총장 취임사를 읽어봐야 한다는 생각이 들었어요.

다른 검찰총장의 취임사와는 완전히 다르더군요. 취임사의 절반이 헌법에 대한 윤석열의 생각이 오롯이 담겨 있었어요. 거기에 보면 국가권력, 특히 형사법 집행을 하는 검사는 국가권력을 국민한테 직접 행사하는 것이므로 권력의 집행과 멈춤을 정확히 지키는 게 중요하다는 말을 여러 번 강조하더군요.

석: 취임사에서 그랬던가요?

고: 그렇습니다. 여러 번 강조되었어요.

석: 고 박사님이 윤 후보의 검찰총장 취임사에 주목했다는 점이 굉장히 감명 깊네요. 취임사에는 오히려 윤 후보가 본인의 생각과 철학을 모두 담지 못했을 겁니다. 총장으로 취임할 때는 문재인 대통령까지 "우리 총장님!" 하던 분위기였습니다. 이 정권에서 윤 후보에게 총장을 맡길 때는 이럴 줄 몰랐을 겁니다.

윤 총장이 2019년 총장이 되던 그 시절, 윤석열은 조국과 더불어 그야말로 문 정권의 기린아였습니다. 총장이 되고 불과 서너 달 사이에 조국과 울산시장 선거 부정 등에 대한 수사에 착수하면서 윤석열에 대한 이 정권의 낯빛이 180도 바뀝니다. 그리고 등장한 희대의 돈키호테 추미애가 인간 윤석열뿐만 아니라 검찰이라는 거대한 국가 기관을 완전히 난도질하고 말았습니다.

총장에 취임한 지 얼마 되지 않아 조국 수사를 시작한 후부터는 추미애를 앞세운 문 정권이 윤 총장을 '적'으로 판단하고 총장실에 거의 유폐를 시켰습니다. 다시 말하면 아침에 출근하면 퇴근할 때까지 점심을 먹으러 구내식당 가는 일 외에는 밖에 나오지도 못했다는 표현이 정확할 것 같습니다. 대검의 주요 참모들의 아주 기본적인 보고 외에는 일상적인 대화도 전혀 없었고, 이 와중에 윤 총장이 자기 생각을 검찰 구성원들에게 말할 기회는 두세 번 정도밖에 없었습니다.

그런 상황에서 윤석열이 1년 뒤쯤 총장 재직 중에 신임 검사들에게 훈시하는 내용이 보도된 적이 있었는데, 그 훈시에 담긴 부분이 진정한 윤석열의 생각이죠. 역대 총장의 훈시는 형사법 원칙, 형사법에 보장된 피의자의 권리, 인권을 보호하라는 정도에 그쳤는데 윤석열 총장은 아주 이례적으로 헌법적 가치를 이야기했습니다.

고: 네, 무슨 말씀인지 이해가 갑니다. 문재인과 싸워서 윤석열의 철학이 만들어졌던 게 아니고 문재인에게 핍박받기 전부터 윤석열에게는 그런 철학이 있었다는 것을 취임사를 보면서 확인할 수 있었지요.

석: 예, 흔히 총장의 취임사나 당부 말씀, 신임 검사들을 향한 격려사나 신년사는 대개 참모진 검사들이 초안을 잡아주고 총장들은 몇 마디 가필하는 정도이지만, 제가 알기로 윤 총장은 본인이 거의 직접 썼습니다.

고: 저도 그렇게 느꼈습니다. '국가권력이 어디에서 멈출 것이냐.' 이런 표현은 검사들 머리에서 잘 안 나오는 표현입니다.

석: 그것이 바로 윤석열 사상의 뼈대라고 생각합니다. 이를테면 개개의 정책과 공약도 중요하지만, 윤석열 후보의 고민은 철학입니다. 국가가 국민들의 생활과 자유에 대해서 어디까지 간섭하고 어디까지 규제할 수 있느냐, 이것이죠.

고: 윤석열 후보는 대학을 졸업하고 줄곧 공무원으로 지냈는데, 국가권력의 한 부분으로 활동한 것이거든요. 국가권력이 멈춰야 하는 그 지점은 시민사회가 움직이는 지점인데, 그러니까 시장이 움직이는 곳이란 말이지요. 국가권력은 어디까지 가서 멈춰야 하는가? 그 영역은 자유 시장 경제는 어떤 원리로 작동하여야 하는가? 내내 이 고민을 하고 윤 총장이 살아온 것 같다는 걸 저는 느꼈어요. 그 고민과 철학이 취임사는 물론 정치 출마 선언문에도 녹아 있고, 후보 수락 연설문에까지 녹아 있는 겁니다.

석: 고시 공부할 때부터 노벨경제학상을 받은 자유방임주의와 시장 제도를 통한 자유 경제활동을 주장한 밀턴 프리드먼(Milton Friedman)의 『경제학』에 심취해 있었습니다. 대학 교수이자 저명한 학자인 부친의 영향도 있었고요. 시야가 그때부터 굉장히 넓었다는 거죠.

고: 친구로서 "야, 너 그런 거 공부해서는 시험에 또 떨어져." 하는 타박은 안 하셨나요?

석: 저는 학교를 졸업하자마자 고시에 합격해 사법연수원, 군 복무를 거쳐 검찰청에서 근무하다 보니까 윤석열 후보가 고시 9수를 하는 동안 자주 만나지는 못했지만, 동창회나 후배들과 토론하는 소식들을 가끔 들었지요.

그런데 실제로 실무를 하는 저로서 보니까 대학에서 배운 형법이 현학적이고 거의 쓸모가 없는 교과서적 논의에 불과하다는 것을 깨달았어요. 그런데 이 친구(윤 후보)는 그 문제를 갖고 후배들과 토론을 하고 있더라구요. 그래서 윤 후보에게, "시험은 시험이

다. 학위를 따는 과정이나 연구 논문을 쓰는 과정과는 다르다.

논문은 몇 년 동안 쓸 수도 있지만, 사법고시 2차 답안지는 아무리 논술식이라 할지라도 주어진 시간 안에 10장의 답안을 써내는 기술을 다투는 것이다. 시험은 시험으로 생각해라." 그런 이야기를 해준 기억이 납니다.

5. 법치 문제의 경계선에 서다

고: 제가 두 번째로 주목한 점이 법치 문제입니다. 저도 정치학을 하면서 법치 문제를 전공했기 때문에 법률가 이상으로 중요하게 생각하는데, 국가권력이란 것이 무엇인가? 국가와 시민사회 관계는 어떤가를 줄곧 고민해 왔어요. 법이라는 것은 국민이 국가를 신뢰하는 표현이거든요. 그런데 국민이 국가를 신뢰하지 않으면 법이라는 강제는 아무 의미가 없습니다. 즉 국민이 국가를 믿지 못하면 법이라는 건 휴지 조각에 불과하거든요.

그렇다면 국민이 언제 국가에 대한 신뢰를 잃는가? 바로 이중잣대가 나타날 때입니다. 똑같은 일을 했는데 나는 처벌받고 저 사람은 처벌받지 않는다면 처벌권을 가진 국가를 믿을 수가 없죠. 그래서 '내로남불'은 정치적 공격용 슬로건이 아니고 정상적인 국가이냐 아니냐를 가름하는 아주 근본적인 기준입니다. 이것은 동서고금을 막론하고 나타나는 보편적인 현상이라는 거죠. 내로남불이 횡행하는 나라는 다 망했는데 그것을 정상화하려는 것이 성현들의 노력이었다. 저는 그런 관점으로 법치 문제를 보고 있거든요.

석: 법치 문제가 이론보다 현실로 나타나는 점을 크게 두 가지 현

상으로 구분해서 볼 수 있는데, 첫째는 형사법에서 이 사람은 법을 어겼느냐 안 어겼느냐에 따라서 한 사람은 교도소에 가야하고 한 사람은 무죄가 되는 그런 구조입니다. 또 하나는 일반 행정에서도 사업을 하고 장사를 하고 상품을 유통하는 경제활동 중에서도 법의 형식을 빌려 국가나 지방정부의 규제가 참 많지 않습니까? 이 규제도 법을 어떻게 해석하느냐에 따라서 천차만별이 됩니다.

지금까지 윤석열 후보가 활동해온 공간은 형사법이었지 않습니까? 먼저 윤석열 후보의 형사법에 대한 인식과 기준에서 볼 때, 다른 검사들보다 훨씬 엄격했던 것 같습니다.

윤 후보가 국정원 댓글 사건을 수사하다가 지방으로 좌천되어 한직으로 전전하게 된 일이 바로 그런 윤 후보의 성정이 투영된 사례라 할 수 있습니다. 그때가 박근혜 정부가 막 출범하고 나서인데, 박 대통령의 대통령선거 과정에서 일어난 국정원 댓글 사건 수사를 맡게 되었지요.

당시 채동욱 검찰총장이 청문회에서 민주당에게 국정원 댓글 수사 약속을 했고, 여주 지청장으로 부임한 지 두세 달밖에 안 된 윤 후보를 서울로 다시 불러들여 팀장을 맡겨 수사하도록 했습니다.

그 당시 국정원에서 직원들이 심리전 용도로 단 댓글 중 8,800여 개가 문제가 된 겁니다. 그런데 4~5년 뒤 김경수-드루킹의 킹크랩 댓글은 무려 8,800만 건이었습니다. 박근혜 정부가 막 출범했는데, 겨우 8,800건을 가지고 댓글 수사를 한다는 것은 박 정부의 정통성, 적법성, 정당성을 흔들 수 있는 것 아니겠습니까? 그때 제가 선거 과정에서 매표행위를 한 것도 아닌데 겨우 댓글 8,800

개를 가지고 선거에 영향을 미쳤다고 볼 수 있냐고 그에게 따진 적이 있었습니다.

고: 국정원이 하는 일의 작업 중 극히 일부죠.

석: 국정원은 당시 대북 심리전 과정 중에 일부라고 주장했어요.

윤석열 후보가 그걸 문제 삼아 조사를 하길래 "이 수사를 여러 가지 사회적 여건을 고려해 볼 때 오히려 무리한 수사가 아니냐, 검찰의 공정성에 시비를 걸 수 있지 않겠냐?" 물었지요.

고: 누가 시켜서 찾아간 겁니까?

석: 아니죠, 제가 국정원 사건을 수임한 것도 아니고, 윤 후보를 아끼는 심정에서 친구이기 때문에 간 거죠.

고: 당시에 검사였잖아요?

석: 아닙니다. 그때는 제가 서울동부지검장을 끝으로 검사직에서 그 전년도인 2012년 연말에 물러나 변호사 일을 하던 시기였죠.

고: 상대적으로 자유로운 입장이었겠네요.

석: 네, 자유로웠습니다. 그러나 제가 수임료를 받고 변호사로 사건 수임을 해서 찾아간 것이 아니었습니다.

6. 적폐수사의 한계, 그의 소신

고: 그래서 친구를 찾아가서 조언을 하신 거네요.

석: 저는 윤 후보가 공연히 다칠 수도 있겠다는 생각도 들어서 그

에게 원만한 수사를 주문했죠. 그런데 윤 후보는 "8천 건이 아니라 8백 건이라 할지라도 국가가 해야 하는 일이냐? 이것은 아니지 않느냐?"라고 본인은 강하게 주장하더라고요.

그런 점에서 문 정권 초기의 적폐 수사도 마찬가지예요. 보수 우파 입장에서는 윤석열 후보가 적폐 수사로 우파를 궤멸시키는 데 많은 기여를 하지 않았냐고 생각하시는 분들이 있지 않습니까? 그때도 제가 몇 번 찾아가 만난 적이 있지요. 제가 관련된 것은 아니었지만 어쨌든 검찰의 수사 행위가 사회 전체를 균형적으로 발전시키는 데 도움이 되어야 한다고 늘 생각했기 때문이었습니다.

찾아가서 이런저런 우려를 얘기하면 윤 후보는 "내가 문재인 정권에 잘 보이려고 하는 것 같으냐? 그게 아니다." 이렇게 얘기하더군요.

또 국정원에서 예산 일부를 대통령에게 건네준 사건에 대해 뇌물죄로 영장을 청구하고 수사를 했잖습니까? 저는 "이건 아니다. 나도 법무부에서 예산업무를 다루어 봐서 아는데 통상 대통령이 쓸수 있는 예산이 각 부처 예산에 다 분산되어 있는데, 대통령 판공비는 국정원 예산에 들어있어서 그것을 문제 삼으면 안 된다."고 했지요.

고: 네, 다 숨어 있다고 봐야죠.

석: 윤석열 후보는 법무부에 근무를 안 해 봐서 그런 예산 쓰임새를 잘 모를 수 있습니다.

고: 네.

석: 뇌물 혐의는 결국 무죄가 났지요. 결국 국고손실죄라는 이상한 죄명으로 구속은 되었지만 말입니다.

그 당시의 윤 총장의 생각은 "이게 관행이라면 잘못된 게 아니냐? 예산이 필요하면 대통령 비서실에 예산을 편성해서 쓰면 되지 그걸 왜 묻어 놓느냐?"는 것이었습니다. 사실 맞는 말이긴 해요. 그게 국가 예산 체계상 어쩔 수 없는 부분이 있지만 어쨌든 말은 맞는 말이지요.

고: 이것이 윤석열 후보의 원리원칙인가요?
석: 예, 그런 주관을 가지고 있었다는 거죠.

고: 그런데 그런 주장이나 행동이 정당화되려면 문재인 정권에 대해서도 똑같이 해야 한다는 거지요. 이명박, 박근혜 정권 사람들한테만 그런 엄격한 잣대로 할 게 아니라 문재인 정권의 살아있는 권력에 대해서도 법대로 했어야 한다는 겁니다. 물론 조국 수사나 울산시장 선거부정 수사 과정에서 탄압과 엄청난 저항을 받아 결국 그만두게 됐지만, 자유우파 입장에서는 그걸 제대로 수사 안 한게 아니냐, 왜 수사가 임종석 비서실장 앞에서 멈추느냐, 이런 비판이 있는 겁니다.

또 문재인 정권의 최대 실책인 탈원전 수사도 제대로 밀어붙이지 못했느냐, 청와대 압수수색까지 들어갔어야지. 설혹 김명수의 사법부 재판부 판사들이 영장을 기각한다 하더라도 청구는 해야지 영장청구도 안 하고 압수수색 시도도 못한 채, 권력 눈치를 보면서 적당한 수사를 한 거 아니냐. 결국 적폐 수사를 한답시고 우파들만 궤멸시킨 것 아니냐는 식으로 문제를 제기할 수 있거든요.

석: 윤 후보의 의지에도 불구하고 한계도 있었겠죠. 한 번 생각해 보세요. 서울중앙지검장 시절에는 수사 검사를 직접 방으로 불러서 보고를 받고 지시도 할 수 있는 일선 사단장 격인 셈이지요.

고: 지검장, 즉 사단장이네요.

석: 그러나 검찰총장이 되면 서울지검장이라는 사단장이 있기 때문에 큰 흐름에서 검찰총장이 '원칙적으로 진행하라', '너희들의 수사에 대해서 내가 병풍이 되어 주겠다', '소신대로 하라'고 할 수는 있는데, 개별 진행 상황에 대해서는….

고: 직접 수사는 할 수 없다 그거네요.

석: 그게 대검 중수부가 있었다면 얘기가 다릅니다.

고: 총장 밑에 바로 중수부가 직할로 있었다면….

석: 예. 지금의 민주당이 야당 시절 앞장서서 중수부가 마치 큰 해악인 양 없애버렸기 때문에….

고: 그렇군요.

7. 조국 법무부 장관 수사

석: 조국 민정수석 일가족 수사 때만 해도 윤 후보가 검찰총장으로 막 취임해서 영이 딱 섰을 때였기 때문에 총장이 수사 지시를

하니까 일선 검사들이 수사해오던 기본 관례대로 그냥 수사를 일사천리로 진행해 나갔습니다. 그런데 이것이 몇 달 진행되면서 눈에안 보이는 각종 장애물들이 나오고, 또 수사하던 검사들이 인사상 불이익을 당하는 등 윗선의 압력이 노골적으로 보이니까 검사들 입장에서도 조금은 브레이크가 걸린다고 할까요.

고: 네, 실제로 제가 검찰총장을 지낸 원로 선배님들로부터 들은 얘기도 비슷한 이야기인데요. 서울중앙지검이 대검찰청보다 조직이 훨씬 크고 수사 검사 숫자도 훨씬 많다고 하더라고요.
석: 그럼요.

고: 그리고 서울중앙지검장은 청와대 민정 쪽과 직접 핫라인을 갖고 있다는 거예요. 그래서 개별사건을 조율할 때는 총장을 거치지 않고 패스하는 경우가 많이 있다는 거에요. 그러면 총장은 그러려니 했고 그것이 관행이었다지요. 그것을 "왜, 나한테 보고를 안해?" 그러는 순간 문제가 복잡해지니까 그래서 서울중앙지검장이 진짜 중심 핵이고, 검찰총장은 상징적인 자리라는 거죠.
석: 사람이 문제입니다. 윤석열 후보가 서울중앙지검장일 때 검찰총장이 누구인지 기억나세요?

고: 잘 기억이 안 납니다.
석: 그렇죠. 윤석열 후보가 서울중앙지검장일 때 모든 뉴스는 윤후보한테 집중되었습니다. 당시 검찰총장은 문무일 총장인데, 일주일에 한 번씩은 대면보고도 직접 했지요. 힘이 서울지검장인 윤

후보한테 더 실린 거지요. 윤석열 후보가 검찰총장일 때 서울중앙
지검장이 누구인지 기억납니까?

고: 이성윤이잖아요.

석: 이성윤은 윤 후보와 대립관계로 언론에 자주 노출되어 기억
이 날 수 있지만, 수사도 소극적으로만 했지, 자기가 주도적으로
수사를 한 게 아니거든요.

8. 윤 후보는 법치주의자, 자유시장·자유민주주의자

고: 제가 조금 정리를 해야 할 것 같은데 조금 전에 말씀하신 대
로 윤석열 후보가 철학이 있는 정치인이자 법을 바로 세워야 한다
는 법치주의자이고, 자유시장주의자, 자유민주주의자라고 보는데,
가장 중요하게 보는 것은 지금은 선거니까 이 사람이 대중 정치
요소를 갖고 있다고 봅니다.

　대중 정치인은 세 가지 요소를 갖춰야 한다고 보는데, 첫째, 민
심을 읽는 눈이 있어야 합니다. 민심과 동떨어져서 어떻게 대
중 정치인이 됩니까? 민심을 읽는 자기 나름의 독특한 시각이 있
어야 합니다. 둘째, 대중과 만나는 자기 스타일이 있어야 합니
다. 대중 정치인이 되려면 대중과 늘 함께해야 하잖습니까. SNS
를 통해서라도 늘 함께 있어야 하거든요. 선거 현장에 나갔을
때 대중들과 효과적으로 잘 만날 수 있어야 해요. 고귀함의 예
술(Art of Noble) 같은 것말이죠. 정책 입안의 기술(The Art of
Policymaking)이 나름대로 있어야 합니다. 셋째, 대중 정치인이

되려면 만나서 좋아하는 사람들보다 안 만나도 좋아하는 사람들이 많이 생겨야 합니다. 무엇인가 매력적인 요소가 있어야 한다는 겁니다.

저는 대중 정치인이 되어야만 바람을 일으킬 수 있다고 생각합니다. 제가 생각하는 대중 정치인은 1987년 대통령 직선제 이후에 대중 정치인은 YS, DJ, 노무현 그리고 박근혜 네 분이었다고 생각합니다. 이들은 바람을 일으킬 힘이 있었습니다.

박근혜 이후 10년 동안 그런 대중 정치인이 없었지요. 그런데 윤석열 후보한테서 대중 정치인의 요소를 보고 있습니다. 제가 그렇게 평가를 했습니다만, 이 점을 석 변호사님은 어떻게 보십니까?

석: 제가 지금까지 말씀드린 과정에서 은연 중에 윤석열 후보의 긍정적인 면, 장점만 말씀드린 것 같은데, 고 박사님 말씀을 듣다 보면 윤 후보가 아직까지 많이 부족하다는 것을 느낍니다. 오랫동안 정치를 생각하고 준비해 왔다면 더 나은 모습을 보여 드릴 수 있을텐데 그런 훈련이 부족한 상태라 아직은 조금 더 갖춰져야 할 것같습니다.

이를 보완해줄 수 있는 호감 이미지를 가진 사람이 참모진으로 곁에 있어야 합니다. 최근 문제가 됐던 조수진처럼 공격적인 사람을 홍보단장으로 측근에 두면 안 되는 겁니다. 배현진, 김은혜, 윤희숙 의원 등 대중의 호감을 받는 사람들을 활용하면 대중에게 부드럽게 접근할 수 있을 겁니다. 앞으로도 노력해야 하는 부분이라고 생각합니다.

매력적 요소도 그렇습니다. 가끔은 관료답지 않은 어록을 남기기도 했지요. 앞으로도 국민들에게 사랑을 받으려면 그때그때 짧으면서도 시원하게 국민의 가려운 곳을 긁어주고 때로는 부드럽게 잘 어루만져주는 멘트, 이런 부분도 앞으로 엄청나게 공부를 하고 연마를 해서 국민들과의 거리를 좁혀나가야 하겠지요.

역대 대통령들에게 가장 아쉬운 건 소통 부분이었습니다. 기자 회견 횟수가 너무 적었죠. 윤석열 후보의 소통에 관한 의지는 적어도 전임이나 전전임 대통령들보다는 분명히 실천적으로 실행할 의지가 있다고 확신합니다. 그동안 제가 가까이에서 윤 후보의 소통력이나 친화력을 지켜봤기에 드리는 말씀입니다.

9. 소통의 달인이 될 대통령 자질을 갖추다

고: 알겠습니다. 여의도 정치판에서는 민심과 대중을 읽는 촉이 발달했다는 말을 하는데, 저는 최근의 윤석열 후보의 행보를 보면서 윤 후보 나름의 촉이 살아있는 것 같다고 평가해 봅니다. 코로나19 비상대책회의를 윤 후보 본인이 직접 주재하겠다 했잖아요?

지금 우리 국민들은 코로나 때문에 비명을 지르고 있거든요. 매일 수십 명이 죽어 나가고 있는 상황이잖아요. 여기에 상투적으로 재난지원금 얼마 주겠다 이런 식으로는 죽어나가고 있는 국민들의 마음을 움직일 수 없어요. 여기에 본인이 직접 나선 거죠. 신문 기사를 보니까 산모가 확진자인데 병실이 없으니까 병원을 찾아 헤매다가 119 구급차 안에서 출산을 한 거예요. 천만다행으로 아이는 음성이고, 산모도 무사했다고 하는데 이것이 지금 우리 대한민국의 처참한 현장입니다.

여기를 윤 후보가 코로나 비상대책회의 전날 밤에 갔다 왔더라고요. 이런 걸 보면 윤 후보가 국민들이 가장 힘들어하고 아파하는 것을 나름 알고 움직이고 있는 거죠.

이게 만약 이재명 후보였다면 난리도 아니었을 겁니다. 보도사진과 자료를 근사하게 만들어 온 사방에 뿌렸을거구요. 윤 후보의 선대위가 제대로 뒷받침을 해주지 않으니까 홍보는 잘 안됐지만 국민들은 이런 걸 놓치지 않거든요. 코로나로 정말 고통 받고 있는 분들은 짧은 기사 한 줄에서도 윤석열이 자기를 위해서 어떻게 움직이는지를 놓치지 않는다는 겁니다. 그래서 국민이 무서운 거예요.

즉 윤석열 후보가 국민이 힘들어하는 것, 아파하는 것, 열망하는것, 민심을 파악하고 읽어내는 촉이 생긴 것 같다. 이건 선대위가 보완해 줘야 하는 부분도 있지만 기본적으로 타고 나야 하는 겁니다. 저는 윤석열 후보가 이재명을 능가하는 민심과 대중과 호흡하는 그런 촉을 갖게 된 것 같다고 평가합니다.

석: 혹시 고 박사님의 유튜브 방송을 보고 누가 힌트를 준 게 아닐까요?

(웃음)

고: 그렇다 할지라도 그걸 받아들일 정도의 감성과 안목이 생긴 거니까 나쁘지 않습니다.

석: 그런 부분을 발전시켜야 한다고 저도 생각합니다.

고: 매력적인 부분은 사람마다 각양각색이기 때문에 어떤 사람은

윤석열의 행보를 보면서 "아! 사나이답네." 이런 사람도 있어요. 건들건들 걷는 모습을 보면서 범생이처럼 안 생겨서 좋다고 하는 사람들도 있습니다. 그 사람을 좋아하기 시작하면 좋아하는 이유를 찾아내게 되어 있습니다. 상대가 이런 이유를 이해하지 못 한다 할지라도 "그냥 뭔가 멋있잖아!" 이렇게 우기게 됩니다.

그래서 선거판에서는 구체적으로 이유를 못 대면서 "무조건 저 사람 멋있잖아." 이러는 사람이 진짜 센 사람이에요. 이건 무조건 지지하는 거예요. 이런 유권자는 윤석열 후보가 설혹 한두 번 실수나 실언을 해도 태도를 바꾸지 않을 강력한 지지자가 될 수 있습니다. 그런 사람들에게는 윤석열의 단점조차 장점이 될 수 있어요. 윤석열 후보의 단점까지도 합리화하고 띄우려고 하는 게 아니고, 홍보전문가 등이 자기들의 틀에 맞춰 가려고 하는 경우가 있어요. 이러면 망하는 길입니다.

10. '쩍벌'도 매력이 될 수 있다

이런 것이 선거 1년 정도 전이라면 어느 정도 해볼 만합니다만. 시간을 가지고 천천히 변화시켜서 "어! 어느새 사람이 달라졌네." 가 되는데 지금 불과 두 달도 안 남은 시점에서 이걸 우겨넣는다는 건 자살골입니다.

그래서 지금 있는 윤석열의 모습 중에서 국민들에게 가장 자연스럽게 다가갈 수 있는 부분들을 자연스럽게 잘 부각시키는 것, 다음에 단점이 어쩔 수 없이 노출될 텐데 이 단점을 어떻게 자연스럽게 잘 커버해 주느냐 하는 거고 때로는 "아이고, 제가 고치려고 해도 잘 안 고쳐지네요"하는 걸로 끝나 버리는 거에요.

가령 '쩍벌'도 어느 청년이 지적했을 때 그랬잖아요. "허벅지에 살이 쪄서 하려고 해도 잘 안 된다." 그러면 와~ 하고 웃고 그냥 넘어가는 거죠. 그러면 거기다 대놓고 누군가 또 쩍벌 얘기하면 그 사람이 촌스러운 사람이 되는 것이거든요.

얼마든지 그런 방법들이 있어요. 그러니까 인위적으로 뭘 만들어가려고 하지 말고 이렇게 생겨 먹은 윤석열 스타일을 가지고 이겨야 하는 것이거든요. 윤석열의 윤석열다움을 어떻게 잘 살릴 거냐. 어떤 것이 숨겨져 있는 매력적인 요소일까? 사실 캠프가 그런 걸 고민하면서 고민하고 날밤을 지새워야 하는 거예요.

석: 윤 후보가 단기간에 국민들에게 집중적으로 인기를 받고 있는 그런 부분은 이 정권에 대한 실망과 분노, 이 정권을 교체해야 한다. 교체하지 않으면 우리나라가 절단난다. 그런데 거기에 있어서 가장 적임자가 윤 후보다. 그런 차원에서 비롯되었다고 봅니다. 그런데 아직까지 정권교체의 열망보다 윤 후보의 인지도가 낮다는 것이 풀어야 할 과제이고, 후보나 캠프가 풀어야 할 문제인 것같습니다.

고: 잠깐만요. 그 점도 언론이 걸어 놓은 위험한 프레임이에요. 뭐냐면 정권교체를 원하느냐, 정권 재창출을 원하느냐? 여론조사를 해보면 어느 정권에서나 정권교체를 바라는 비율이 절반이 넘습니다.

석: 항상 그렇습니까?

고: 항상 그렇죠. 그런데 절반 이상 득표해서 당선된 사람은 박근혜 대통령밖에 없어요. 그러면 노태우, 김영삼, 김대중, 노무현, 이명박은 정권교체 여론보다 자기 지지율이 낮았어요. 조사해 보면 금방 나와요. 정권교체론만큼이나 윤석열 후보의 지지율을 높여야 한다는 건 오산입니다. 그건 불가능한 목표입니다.

정권교체 요구가 55~60%가 나오잖아요. 그러면 윤석열 후보의 지지율을 55~60%까지 올라가야 한다는 것인데 그게 가능합니까?

그건 불가능한 거예요. 그런데 좌파들이 윤석열 후보를 깎아 내리려고 그런 식의 프레임을 갖다 대는 거예요.

석: 아, 우리가 항상 생각을 한 번 더 해봐야 하는 거군요.

11. '이니 네 맘대로 해, 석열이 네 맘대로 해…'

고: 저는 지금의 윤석열이 된 시점은 총장 때 힘내라고 화환이 검찰청사에 쭉 배달되고, 떡까지 배달되었잖아요. 그때 시작되었다고 봅니다. 그럼 이게 뭐냐면 이번에 신지예 영입 논란을 보면서 재밌게 봤어요. 페미니스트들 지지자를 영입하면서 다른 후보들이라면 굉장히 논란이 심했을 거예요. 그런데 선대위 외곽조직이긴 하지만 영입이 됐잖아요. 그것 때문에 후보 지지를 철회하거나 극단적인 행동을 한 사람들이 거의 없잖아요. 걱정하는 사람이나 아쉬움을 표하는 사람은 있지만 거의 없어요. 그 얘긴 뭐냐면 윤석열이 정권교체를 하기 위해서 신지예를 영입했다는 걸 이해하는 거예요. 조금 더 가면 어떻게 되냐면 "그래, 윤석열 네 맘대로

해." 이렇게 된다니까요.

석: 어디서 많이 들어본 얘긴데요.

고: 이게 '이니 네 맘대로 해'가 그래서 나온 겁니다. 대깨문들은 "문재인이 대통령이 되기 위해서는 네 맘대로 뭐든지 해도 좋아. 우리는 무조건 널 지지할 거야." 이게 '이니 네 맘대로 해'의 핵심 키워드입니다. 그러니까 문재인이 뭐든지 저 하고 싶은대로 다 한 거에요. 지금 정권교체에 대한 국민들의 높은 열망이 윤석열한 테 투사되고 있잖아요. 그러니까 '윤석열이 네 맘대로 해'가 나오 게 되어 있어요. 그리고 신지예 영입 논란에서 예상한 것보다 논 란이 그리 크지 않았던 거지요. 이미 사람들이 그런 쪽으로 움직 이기 시작했다고 봅니다.

그래서 '윤석열 대세'는 조만간 만들어진다. 그렇게 봅니다. 다 만 '윤석열 리더십'의 특징이 씨앗(매개)으로는 있는데 저 같은 평 론가들한테는 보이는데, 아직 정돈되어 있지 않기 때문에 국민들 이 체감하지 못하고 있습니다.

그리고 석 변호사님이 내려고 하는 이 책 같은 것도 훌륭한 매 개, 즉 소재가 될 수 있다 생각하고, 윤석열 후보의 직접적인 행동 을 통해서 새로운 유형의 정치지도자 리더십, 윤석열의 리더십이 더 많은 국민들에게 알려졌으면 좋겠다는 생각이 듭니다.

석: 윤석열 후보가 현실 선거에 뛰어들어서 아마도 고민하는 대목 이 방향은 이게 옳은데, 자유우파나 국민이 좌파에 비해서 중요하 게 생각하는 건 가치, 명분, 논리가 옳으냐, 그르냐 부분이잖습니 까? 그런데 표라고 하는 것은 예를 들면 포퓰리즘이 뭐겠습니까?

달라는 대로 다 퍼 주고 원칙도 기준도 없이 해주라는 대로 다 해 주면 표라는 것이 오기 때문에 한 20년 동안 선거 때마다 퍼 주고 또 퍼 주는 부분이고, 그런 부분을 우려하는데요

윤석열 후보도 자기가 생각하는 가치, 명분, 논리가 있을 텐데, 선거판이 요구하는 그런 부분 때문에 고민이 많을 거라고 봅니다. 고민은 마땅히 해야 하는데, 고 박사님 말씀대로 자유 우파 국민들이 '네 맘대로 해'라고 할 정도로 관대할지는 지켜볼 일인데 국가의 백년대계를 생각하면 당장을 위해서 뭐든 경솔하게 할 수 없다고 봅니다만 어쨌든 국민들의 생각을 읽고, 짧은 선거 기간 중에 후보도 캠프도 아주 예민한 촉을 가져야 리더십을 가지고 이끌지 말지 할 거니까 이제 대선이 두 달 정도밖에 안 남았지만, 국민들에게 알리는 조금 전 구급차 사건처럼 이런 미담 부분을 잘 알리는 일도 후보가 해야 할 일입니다.

고: 오늘 〈윤석열 후보의 리더십〉에 대해서 석 변호사와 얘기를 나누어 봤습니다.

석: 감사합니다.(정리/ 최수경 글마당 앤 아이디얼북스 대표)

'정치평론가 고성국 박사(고성국TV 진행)와 2차 대담'

<윤 대통령이 당선되기 전 후보였던 시기(2022. 1)에 이 책의 초판을 내면서 윤석열 후보의 리더십에 관해 정치평론가 고성국 박사(고성국TV 진행자)와 대화를 나눈 바 있다. 그리고 2023년 8월, 대통령으로 당선된 이후 실제로 대통령으로서 보여주고 있는 윤석열 대통령의 리더십이 어떠한지에 대해 다시 한번 대담을 나눈 바 있다.
따라서 2차 대담은 초판본에 없었던 내용으로 개정증보판에 수록하게 되었다. 편집자 주>

석: 고 박사님, 윤석열 대통령이 취임 후에 보여주고 있는 리더십이 당선되기 전에 박사님께서 느꼈던 내용과 일치합니까?

고: 선거 전에 제가 느꼈고 언급했던 내용 즉 윤석열 대통령이 후보시절 몽니를 부리는 김종인에게도 끝까지 예의를 갖추고, 이준석의 패악질에 불구하고 그를 결국 포용해내는 것을 보면서 옛날 일화가 떠올랐어요.

일본 전국 시대, 불같은 성정으로 유명한 오다 노부나가(織田信長)는 두견새(時鳥, 철따라 우는 새)에게 울어라고 먼저 명령을 하고, 새가 울지 않으면 단칼에 새를 죽였다는 겁니다. 반면에 잔기술이 뛰어난 도요토미 히데요시(豊臣秀吉)는 온갖 재주를 다 부려서 새를 울게 하려고 노력을 했다는 거죠. 하다못해 원숭이 시늉까지 했는데 결국 실패했답니다. 마지막으로 도쿠가와 이에야스(德川家康)는 '새가 배고프고 힘들면 울겠지' 했는데, 마침내 너무 힘들어진 새가 울었다는 얘기입니다. 도쿠가와 이에야스는 결국 역사의 승리자가 되어 에도 막부를 세우게 됩니다. 이런 점에서 제가 본 윤석열 후보의 스타일이 도쿠가와 이에야스와 유사하다고 느꼈습니다.

그것은 취임 후에도 그대로 유지되고 있다고 봅니다. 추가로 말씀드리고 싶은 것은 윤석열 대통령이 어쩌다 정치에 뛰어들어 갑작스럽게 대통령이 되었다고는 하지만 오히려 준비된 대통령 같은 생각이 들 때가 많습니다.

정치인 특히 지도자는 통치 철학이 분명하게 정립되어 있느냐가 중요한데, 검찰총장 취임사, 정치 출마 선언, 대통령 취임사, 그리고 지난 1년간의 일련의 연설 등을 보면 윤석열 대통령만의 통치 철학이 확고하고 일관되게 분명한 것을 볼 수 있습니다. 자유민주주의 원칙에 기반해서 국가가 경영되어야 한다는 것이나, 자유민주주의를 거부하는 세력과는 타협할 수 없다는 것들이 바로 그것이죠.

석: 전직 문 대통령은 남북관계에서 오직 평화에 집착하여 굴종적 자세까지 보여 국민들을 실망시킨 적이 많았지요.

고: 윤석열 대통령은 압도적 힘에 의해서만 평화가 유지될 수 있다는 생각에 투철한 것 같습니다. 그것이 말은 쉬워 보여도 행동으로 옮긴다는 것은 어렵습니다. 이런 메시지를 여러 기회가 있을 때마다 일관되게 던지고 있습니다. 한일관계나 한미관계, 최근의 캠프 데이비드까지 일관된 철학적 기반을 유지하고 있습니다.

석: 원칙을 일관되게 중시하는 것 같습니까?

고: 비록 선거에 부담이 되더라도 원칙을 철저히 지킨다는 것은 정무적으로나 전략적으로도 불리하지 않다고 봅니다. 애매모호한 게 늘 좋은 것은 아니지 않습니까. 현란한 정치적 수사는 오히려 국민들을 개돼지로 아는 처사일 수가 있습니다.

대통령으로서 국민들에게 비전을 제시함에 있어 입으로만의 비전이 아니라 온몸으로 종합적으로 보여주는 것이 중요하다고 생각합니다. 국민의 바다에 몸을 던져야 합니다. 국민들이 알아서 떠받쳐주고 나아가게 해줄 것입니다.

석: 여소야대 상황 등 역대 어느 대통령보다 힘든 조건 같습니다.
고: 압도적 다수 의석을 가진 야당이 국회에서 사사건건 시비를 걸면서 국정의 발목을 잡고 있습니다. 여당인 국민의힘조차도 당내 핵심적인 지지 기반 세력이 있는 것도 아니지 않습니까. 그러다 보니 윤 대통령 개인의 힘과 영향력으로 다시 말해 개인기로 지금까지 국정을 이끌어오고 있는 것이라고 볼 수 있습니다.

석: 윤 대통령이 정치적 초보로서 경험이 부족한 것을 약점으로 지적하는 견해가 있는데 어떻습니까?
고: 윤 대통령이 자신의 통치 철학을 훼손하지 않으면서 언론의 몽니 트집 괴담을 넘어서서 나아가는 것을 보면 정치를 모르는 사람이 아닙니다. 누구보다 잘 알고 있고, 정치의 요체를 정치권에 들어와 그새 익힌 학습효과나 학습 능력인지 아니면 몸에 밴 정치에 대해 타고난 잠재력이 있는지 참으로 대단하다는 생각이 듭니다. 고시 9수 하면서 계속 도전하는 동안 아버지의 밥상머리 교육

이 오랫동안 윤 대통령의 정신과 태도에 깊은 영향을 주었고 그것이 발현되고 있는 것 같습니다. 누가 가르치고 배우는 수준이 아닌 것이죠.

석: 그래도 윤 대통령에게 훈수를 하신다면 어떤 점을?

고: 대통령이 되기 전에 검사 시절은 아무래도 상명하복의 문화에 젖어있었던 터라, 총리나 장관에게 지시하면 바로 다 되는 줄 알았는데 정치권은 마음대로 안 되는 상황에다 더러 영 딴소리를 하는 사람도 있고 해서 처음에는 많이 당황했을 것입니다. 정부나 당이 안 움직여주니까 대통령 혼자 분주하고 그러다 보니 세세한 것까지 시키려고 합니다.

석: 2년 차에 접어든 시점에서 취임 첫해와는 어떤 점이 다르고, 또 달라야 할까요?

고: 1년을 지나면서 대통령이 생각을 정리한 듯합니다. 핵심적인 몇 가지를 화두로 던지고 여론을 움직여서 정부 여당이 그쪽을 향해 움직이지 않으면 안 되도록 만든 것이죠. 부패 카르텔을 척결하는 과정에서도 주무 장관 몇 명이 앞서 이슈 중심으로 이끌어가게 한 것입니다.

당 운영에 대해서도 대통령이나 대통령 비서실에서 언급이 거의 없습니다. 그건 당이 잘해서라기보다 시어머니 같은 참견을 하지 않겠다는 것이지요. 예전에 비해 대통령과 당 간의 소리가 덜 납니다. 그러다 보니 임기 시작 때와 같은 윤핵관 이야기가 거의 안 나오고 있습니다.

이는 대통령이 현실정치의 메커니즘에 대한 이해와 적응을 했다고 봐야 합니다. 결론적으로 말해 윤석열 스타일이 전면화된 자기만의 특유한 정치 스타일을 만들어 내고 있는 것이죠. 기존의 정치 스타일을 유지하면서도 잡음이 없는 가운데 윤석열의 드라이브가 걸리고 있다고 해석할 수 있습니다. 만기친람(萬機親覽)형에 대한 걱정이 있었는데 지금은 거의 안 들리고 있습니다.

석: 윤 대통령의 국정 지지율이 매우 낮아 걱정입니다. 국정 지지율은 주요 정책이나 거대 담론, 제도 개혁을 통한 국정 성과보다 사소한 말실수나 행동거지, 기타 표피적이라고 볼 수 있는 감성적 요인에 의해 퍼센트가 오르기도 하고 내리기도 하는 것 같은데요.
고: 윤 대통령은 대선 당시 요리 등 개인기로 감성적으로 접근했었고, 임기 초기에는 도어스테핑을 진행하여 신선미를 주기도 했지만, 그것이 득보다 실이 많다는 것을 알게 되자 이제 대통령으로서의 일로 그 평가를 받겠다고 생각하는 것 같습니다. 일하는 지도자로서의 지도자관이 확고히 정립되어 가고 있는 것이지요.

석: 국정 수행 측면에서 보완할 부분도 많지요. 어떤 것이 있을까요?

고: 많지만 다 이야기하기는 그렇고, 대화를 할 때 듣는 시간보다 말하는 시간이 훨씬 많다는 이야기가 자주 들립니다. 비서실의 실

장이나 수석들이 대통령께 직언을 못 하고 다른 견해를 얘기할 수 있는 분위기가 못 된다고 합니다. 이것은 국민 소통과 지지자들 관리 측면에서 심각한 문제라고 생각합니다.

PART 5

8개월의 대선 장정
(   )

▶ 2021. 6. 29. 대선 출마 선언

 - 매헌 윤봉길 의사 기념관(서울 서초구 매헌로 99)

ⓒ 윤석열선거캠프

▶ 2021. 7. 25. 이준석 대표와 '치맥 회동'

 - 7. 6 첫 비공개 회동 뒤 19일 만에 서울 광진구의 한 치킨 가게에서 다시 만남

 - "제가 어떤 길을 선택해야 할지 결정의 시간이 다가오고 있다고 생각하고 있다"라고 발언

▶ 2021. 7. 30. 국민의힘 당사 전격 방문, 입당 선언

 - 권영세 국민의힘 대외협력위원장과 면담

 - "정정당당히 국힘의 대선 경선에 처음부터 참여하겠다."

▶ 2021. 8. 12. 신지호 전 의원(윤 전 검찰총장 대선 캠프 총괄부
실장), 전날(8. 11) CBS라디오 인터뷰에서 이준석 대표를 겨
냥한 탄핵 발언 논란

▶ 2021. 8. 14. 이준석 대표 측에서 윤 전 검찰총장과 통화 녹음
내용 유출로 갈등 재점화
- 2021. 8. 12 윤 전 총장이 신지호의 탄핵 발언 논란 봉합 차 이 대
표에게 전화를 걸어 성사된 통화 내용을 이 대표 측에서 유출, 논란
발생
- 이 대표가 녹취파일이나 녹취록이 존재하지 않는다고 해명했으나
윤 전 총장 측은 "경악, 기분 좋을 리 있겠나" 반응 표시

▶ 2021. 8. 20. 서병수 경선준비위원장 사퇴

▶ 2021. 8. 23. 국민의힘, 선거관리위원장에 정홍원 전 총리 내정

▶ 2021. 8. 23. 이준석 대표, 경선 준비 과정에서 있었던 분란과
당내 오해 발생 부분에 대해 당 대표로서 국민과 당원에게 사과
- 국민의힘 최고위원 회의에서 발언

▶ 2021. 9. 18. 경남 첫 방문 인사, 경남 창녕군 창녕 상설시장
- "모든 권력, 국민에게 돌려드릴 것"

▶ 2021. 10. 29. 국민의힘 경선 후보 4인 3차 맞수토론, 10. 31. 종합토론

© 윤석열선거캠프

▶ 2021. 10. 30 대구 서문시장 방문인사

- "내년 대선은 상식과 비상식, 나라가 망하느냐 다시 도약의 기회를 잡느냐 하는 절체절명의 선거"

▶ 대구 서문 대구 서문시장에서

▶ 2021. 11. 5. 국민의힘 대선후보로 선출됨

- 선거인단 투표에서 210,034표(57.77%), 여론조사에서 137,929표(37.93%) 획득

  ※ 여론조사에서 홍준표 의원(175,267표, 48.20%)에 뒤짐

- 막판에 윤 후보의 지지율이 정체 현상을 보이면서 대세론이 위협받기도 했으나 국민의힘 전통적 지지층이 윤 후보에게 세차게 결집하면서 당심(선거인단) 압승으로 나타나고 결국 전체 득표율에서 6%P 차이로 낙승

▶ 2021. 11. 10. 윤석열 후보 광주 방문, 국민의힘 대선 후보 확정 후 첫 지방 행보

- 5.18묘지 참배, 윤 후보의 그전 전두환 옹호 발언으로 광주시민단체에 의해 제지

▶ 2021. 11. 29.~12. 3. 이준석 대표, 당무 거부 및 지방행

- 2021. 12. 20. 이준석 대표와 조수진 최고위원 공개 충돌 사건(선대위 비공개회의)

- 이 대표, 모든 당 대표 일정 취소하고, 지방행

▶ 2021. 12. 4. 잠적한 이준석 대표를 만나기 위해 울산까지 찾
아가다

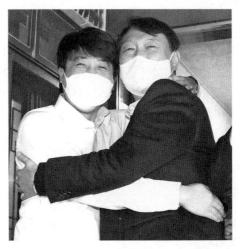

▶ 윤 후보와 이준석 대표 껴안는 모습 ⓒ 윤석열선거캠프

▶ 2021. 12. 5. 김종인 영입, 총괄 선거대책위원장 임명

- 12. 3 윤 후보와 이준석 대표의 울산 회동을 계기로 선대위 막차 합
류

- 김 위원장은 슬림한 실무형 조직을 주장, 윤 후보는 통합선대위 지
향으로 엇박자 잠복

▶ 2021. 12. 21. 이준석 대표, 선대위(홍보미디어총괄본부장, 상
임선대위원장) 사퇴

▶ 2022. 1. 3. 김종인 위원장, 윤 후보와 상의 없이 선대위 인적
쇄신 선언

- "후보 성향보다 국민 정서가 우선, 메시지부터 연설문까지 직접 관

리하겠다. 후보는 시키는 대로 연기만 해달라."

※ 김기현 공동선대위원장, 김도읍 공동선대위원장 포함, 선대위 전 위원장
  사퇴 선언

▶ 2022. 1. 5. 김종인 위원장 자진사퇴

- 사실상 윤 후보 측에서 해촉, 결별 공식화

※ 금태섭, 정태근, 김근식 등 김종인 사단도 동반 퇴장

▶ 2022. 1. 6. 이준석 대표와 세 번째 극적 화합 성공

- 국민의힘 의원총회에서 이준석 대표 사퇴 촉구 결의안이 추진되었
  으나, 저녁 8시경 윤 후보가 의총장에 전격적으로 방문, 화합 선언

- 의총이 끝난 직후 이 대표가 운전하는 전기차에 동승, 평택행

※ 다음 날(1. 7) 발표된 한국갤럽 대선후보 선호도 조사(2022. 1월 1주차)에
  서는 이 대표와의 갈등 논란으로 전회 조사(2021. 12월 3주차)보다 윤 후
  보 지지도가 10%P 하락한 26%

▶ 2022. 1. 16. MBC(스트레이트), '김건희 녹취록' 공개

- 저녁 8시 20분부터 김건희 여사와 서울의 소리 이명수와의 통화 내용(총 7시간 45분 분량) 중 일부를 실제 육성 그대로 공개

- 방송에 앞서 12. 13 국민의힘에서 서울서부지법에 방송금지 가처분 신청, 12. 14에는 김기현 원내대표 등 국힘 인사들이 MBC 항의 방문

- 12. 14 서울서부지법, 사생활 및 진행 중인 사건 관련 내용을 제외한 나머지는 가처분 신청 기각 결정

 ※ 위 방송 후 오히려 김건희 '팬덤' 현상, 정치권 일각에서도 "소문난 잔치에 먹을 것 없다"라는 반응

▶ 2022. 2. 3. 대선 후보 4인 첫 방송토론

- KBS, MBC, SBS 방송 3사 합동

ⓒ 연합뉴스

▶ 2022. 2. 11. 윤 후보 직속 '공명선거·안심투표 추진위원회' 발족

  - 부정선거 감시, 투개표 관리와 사전투표 개선 사항 점검

  - 위원장 김기현 원내대표, 공동부위원장 문상부 전 중앙선관위 상임
위원과 박완수 의원(행안위 간사), 간사 석동현 변호사

▶ 2022. 2. 13. 안철수 후보, 윤 후보에게 후보 단일화 제안

  - 안 후보, 2. 13 후보 등록 직후에 여론조사 방식을 통한 야권 후보
단일화 공식 제안

▶ 2022. 2. 14. 안철수 후보 유세 차량 내에서 사망 사고 발생

  - 윤 후보, 천안 단국대 병원 빈소 찾아 조문 후 안 후보와 회동

▶ 2022. 2. 15. 대선 공식 선거운동 개시, 청계천 광장에서 출발

  - "저 윤석열, 위대한 국민의 뜻 받들어 반드시 정권교체를 하겠다"라
고 천명

  - "저는 정치에 발 디딘 지 얼마 되지 않은 신인이다. 그러기에 누구
에게도 부채가 없고, 오로지 저를 불러주시고 키워주신 국민 여러
분께만 부채가 있다."(연설 끝부분에서 연설 원고에 없었던 즉석 발
언)

▶ 2022. 2. 15. 저녁 부산 유세에서 "어퍼컷 세리머니" 첫선

세리머니 ⓒ 연합뉴스

▶ 2022. 2. 20. 안철수 후보, 야권 후보 단일화 결렬선언 및 단일
화 제안 철회

▶ 2022. 2. 27. 윤 후보, 단일화 협상 과정 공개

▶ 2022. 3. 2. 윤 후보, 마지막 TV토론 후 안철수 후보와 심야
회동, 후보 단일화 및 공동정부 구성, 대선 직후 양당 합당 등
합의 도달

▶ 2022. 3. 3. 안철수 후보와의 후보 단일화
  - 아침 8시, 윤 후보, 안철수 후보와 단일화 합의 사실 공표

- 낮 12:30 안철수 후보, 후보직 사퇴서 제출

▶ 2022. 3. 5. 사전투표 2일 차, 17:00부터 진행된 코로나19 확진자와 격리자들의 사전투표 관리 부실 곳곳에서 발생

▶ 2022. 3. 8. 밤 서울시청 앞 피날레 유세

▶ 서울 시청 앞 광장 ⓒ 뉴시스

▶ 2022. 3. 9. 제20대 대선 본투표 및 개표

- 출구조사 결과: (방송 3사) 윤 48.4%, 이 47.8% (JTBC) 윤 47.7%, 이 48.4%

- 실제 결과: 윤 후보 16,394,815표(48.56%), 이 후보 16,147,738 표(47.83%)

  ※ 차이 247,077표(0.73%), 무효표 307,542표

- 사전투표: 16,323,603명(36.93%)

- 전체투표: 34,067,853명(선거인 수 44,197,692명, 투표율 77.08%)

부록

윤석열 대통령의
취임사, 대국민 담화문, 손편지글

1. 윤 대통령의 취임사, 대국민 담화문, 손편지글

1) 대통령 취임사 (2022년 5월 10일)

•••

　존경하고 사랑하는 국민 여러분, 750만 재외동포 여러분 그리고 자유를 사랑하는 세계 시민 여러분

　저는 이 나라를 자유민주주의와 시장경제 체제를 기반으로 국민이 진정한 주인인 나라로 재건하고, 국제사회에서 책임과 역할을 다하는 나라로 만들어야 하는 시대적 소명을 갖고 오늘 이 자리에 섰습니다.

　역사적인 자리에 함께 해주신 국민 여러분께 감사드립니다.

　문재인, 박근혜 전 대통령, 그리고 할리마 야콥 싱가포르 대통령, 포스탱 아르샹쥬 투아데라 중아프리카공화국 대통령, 왕치산 중국 국가부주석, 메가와티 수카르노푸트리 인도네시아 전 대통령, 더글러스 엠호프 해리스 미국 부통령 부군, 조지 퓨리 캐나다 상원의장, 하야시 요시마사 일본 외무상을 비롯한 세계 각국의 경축 사절과 내외 귀빈 여러분께도 깊이 감사드립니다.

이 자리를 빌려 지난 2년간 코로나 팬데믹을 극복하는 과정에서 고통을 감내해주신 국민 여러분께 경의를 표합니다. 그리고 헌신해주신 의료진 여러분께도 감사드립니다.

존경하는 국민 여러분, 세계 시민 여러분

지금 전 세계는 팬데믹 위기, 교역 질서의 변화와 공급망의 재편, 기후 변화, 식량과 에너지 위기, 분쟁의 평화적 해결의 후퇴 등 어느 한 나라가 독자적으로, 또는 몇몇 나라만 참여해서 해결하기 어려운 난제들에 직면해 있습니다.

다양한 위기가 복합적으로 인류 사회에 어두운 그림자를 드리우고 있는 것입니다.

또한 우리나라를 비롯한 많은 나라들이 국내적으로 초저성장과 대규모 실업, 양극화의 심화와 다양한 사회적 갈등으로 인해 공동체의 결속력이 흔들리고 와해되고 있습니다.

한편, 이러한 문제들을 해결해야 하는 정치는 이른바 민주주의의 위기로 인해 제 기능을 하지 못하고 있습니다.

가장 큰 원인으로 지목되는 것이 바로 반지성주의입니다.

견해가 다른 사람들이 서로의 입장을 조정하고 타협하기 위해서는 과학과 진실이 전제되어야 합니다. 그것이 민주주의를 지탱하는 합리주의와 지성주의입니다.

국가 간, 국가 내부의 지나친 집단적 갈등에 의해 진실이 왜곡되고, 각자가 보고 듣고 싶은 사실만을 선택하거나 다수의 힘으로 상대의 의견을 억압하는 반지성주의가 민주주의를 위기에 빠뜨리고 민주주의에 대한 믿음을 해치고 있습니다. 이러한 상황이 우리가 처해있는 문제의 해결을 더 어렵게 만들고 있습니다.

그러나 우리는 할 수 있습니다. 역사를 돌이켜 보면 우리 국민은 많은 위기에 처했지만 그럴 때마다 국민 모두 힘을 합쳐 지혜롭게, 또 용기있게 극복해 왔습니다.

저는 이 순간 이러한 위기를 극복하는 책임을 부여받게 된 것을 감사한 마음으로 받아들이고, 우리 위대한 국민과 함께 당당하게 헤쳐 나갈 수 있다고 확신합니다.

또 세계 시민과 힘을 합쳐 국내외적인 위기와 난제들을 해결해 나갈 수 있다고 믿습니다.

존경하는 국민 여러분, 세계 시민 여러분

저는 이 어려움을 해결해 나가기 위해서 우리가 보편적 가치를 공유하는 것이 매우 중요하다고 생각합니다.

그것은 바로 '자유'입니다. 우리는 자유의 가치를 제대로, 그리고 정확하게 인식해야 합니다. 자유의 가치를 재발견해야 합니다.

인류 역사를 돌이켜보면 자유로운 정치적 권리, 자유로운 시장이 숨 쉬고 있던 곳은 언제나 번영과 풍요가 꽃 피었습니다.

번영과 풍요, 경제적 성장은 바로 자유의 확대입니다.

자유는 보편적 가치입니다. 우리 사회 모든 구성원이 자유 시민이 되어야 하는 것입니다. 어떤 개인의 자유가 침해되는 것이 방치된다면 우리 공동체 구성원 모두의 자유마저 위협받게 됩니다.

자유는 결코 승자독식이 아닙니다. 자유 시민이 되기 위해서는 일정한 수준의 경제적 기초, 그리고 공정한 교육과 문화의 접근 기회가 보장되어야 합니다.이런 것 없이 자유 시민이라고 할 수 없습니다.

어떤 사람의 자유가 유린되거나 자유 시민이 되는데 필요한 조건을 충족하지 못한다면 모든 자유 시민은 연대해서 도와야 합니다.

그리고 개별 국가뿐 아니라 국제적으로도 기아와 빈곤, 공권력과 군사력에 의한 불법 행위로 개인의 자유가 침해되고 자유 시민으로서의 존엄한 삶이 유지되지 않는다면 모든 세계 시민이 자유

시민으로서 연대하여 도와야 하는 것입니다.

모두가 자유 시민이 되기 위해서는 공정한 규칙을 지켜야 하고, 연대와 박애의 정신을 가져야 합니다.

존경하는 국민 여러분

국내 문제로 눈을 돌려 제가 중요하게 생각하는 방향에 대해 말씀드리겠습니다.
우리나라는 지나친 양극화와 사회 갈등이 자유와 민주주의를 위협할 뿐 아니라 사회 발전의 발목을 잡고 있습니다.

저는 이 문제를 도약과 빠른 성장을 이룩하지 않고는 해결하기 어렵다고 생각합니다.

빠른 성장 과정에서 많은 국민이 새로운 기회를 찾을 수 있고, 사회 이동성을 제고함으로써 양극화와 갈등의 근원을 제거할 수 있습니다.
도약과 빠른 성장은 오로지 과학과 기술, 그리고 혁신에 의해서만 이뤄낼 수 있는 것입니다.

과학과 기술, 그리고 혁신은 우리의 자유민주주의를 지키고 우리의 자유를 확대하며 우리의 존엄한 삶을 지속 가능하게 할 것입니다. 과학과 기술, 그리고 혁신은 우리나라 혼자만의 노력으로는 달성하기 어렵습니다.

자유와 창의를 존중함으로써 과학 기술의 진보와 혁신을 이뤄낸 많은 나라들과 협력하고 연대해야만 합니다.

존경하는 국민 여러분 세계 시민 여러분

자유민주주의는 평화를 만들어내고, 평화는 자유를 지켜줍니다. 그리고 평화는 자유와 인권의 가치를 존중하는 국제사회와의 연대에 의해 보장이 됩니다.

일시적으로 전쟁을 회피하는 취약한 평화가 아니라 자유와 번영을 꽃피우는 지속 가능한 평화를 추구해야 합니다.

전 세계 어떤 곳도 자유와 평화에 대한 위협에서 자유롭지 못합니다. 지금 한반도와 동북아의 평화도 마찬가지입니다. 저는 한반도뿐 아니라 아시아와 세계의 평화를 위협하는 북한의 핵 개발에 대해서도 그 평화적 해결을 위해 대화의 문을 열어놓겠습니다.

그리고 북한이 핵 개발을 중단하고 실질적인 비핵화로 전환한다면 국제사회와 협력하여 북한 경제와 북한 주민의 삶의 질을 획기적으로 개선할 수 있는 담대한 계획을 준비하겠습니다.
북한의 비핵화는 한반도에 지속 가능한 평화를 가져올 뿐 아니라 아시아와 전 세계의 평화와 번영에도 크게 기여할 것입니다.

사랑하고 존경하는 국민 여러분

지금 우리는 세계 10위권의 경제 대국 그룹에 들어가 있습니다.
그러므로 우리는 자유와 인권의 가치에 기반한 보편적 국제 규범
을 적극 지지하고 수호하는데 글로벌 리더 국가로서의 자세를 가
져야 합니다.

우리나라뿐 아니라 세계 시민 모두의 자유와 인권을 지키고 확
대하는데 더욱 주도적인 역할을 해야 합니다.국제사회도 대한민
국에 더욱 큰 역할을 기대하고 있음이 분명합니다.

지금 우리나라는 국내 문제와 국제 문제를 분리할 수 없습니
다.국제사회가 우리에게 기대하는 역할을 주도적으로 수행할 때
국내 문제도 올바른 해결 방향을 찾을 수 있는 것입니다.

저는 자유, 인권, 공정, 연대의 가치를 기반으로 국민이 진정한
주인인 나라, 국제사회에서 책임을 다하고 존경받는 나라를 위대
한 국민 여러분과 함께 반드시 만들어 나가겠습니다.

감사합니다.

대통령 윤 석 열

2) 2024년 12월 3일자 비상계엄 선포
긴급 담화문

...

  존경하는 국민 여러분, 저는 대통령으로서 피를 토하는 심정으로 국민 여러분께 호소드립니다.

  지금까지 국회는 우리 정부 출범 이후 22건의 정부 관료 탄핵 소추를 발의하였으며, 지난 6월 22대 국회 출범 이후에도 10명째 탄핵을 추진 중에 있습니다.
  이것은 세계 어느 나라에도 유례가 없을 뿐 아니라 우리나라 건국 이후에 전혀 유례가 없던 상황입니다.

  판사를 겁박하고 다수의 검사를 탄핵하는 등 사법 업무를 마비시키고, 행안부 장관 탄핵, 방통위원장 탄핵, 감사원장 탄핵, 국방 장관 탄핵 시도 등으로 행정부마저 마비시키고 있습니다.

  국가 예산 처리도 국가 본질 기능과 마약범죄 단속, 민생 치안 유지를 위한 모든 주요 예산을 전액 삭감하여 국가 본질 기능을 훼손하고 대한민국을 마약 천국, 민생 치안 공황 상태로 만들었습니다.

민주당은 내년도 예산에서 재해대책 예비비 1조원, 아이돌봄 지원 수당 384억원, 청년 일자리, 심해 가스전 개발 사업 등 4조 1000억원을 삭감하였습니다.

심지어 군 초급간부 봉급과 수당 인상, 당직 근무비 인상 등 군 간부 처우 개선비조차 제동을 걸었습니다. 이러한 예산 폭거는 한 마디로 대한민국 국가재정을 농락하는 것입니다.

예산까지도 오로지 정쟁의 수단으로 이용하는 이러한 민주당의 입법 독재는 예산 탄핵까지도 서슴지 않았습니다. 국정은 마비되고 국민들의 한숨은 늘어나고 있습니다.

이는 자유 대한민국의 헌정 질서를 짓밟고, 헌법과 법에 의해 세워진 정당한 국가 기관을 교란시키는 것으로써, 내란을 획책하는 명백한 반국가행위입니다.

국민의 삶은 안중에도 없고 오로지 탄핵과 특검, 야당 대표의 방탄으로 국정이 마비 상태에 있습니다.

지금 우리 국회는 범죄자 집단의 소굴이 되었고, 입법 독재를 통해 국가의 사법·행정 시스템을 마비시키고, 자유민주주의 체제의 전복을 기도하고 있습니다.

자유민주주의의 기반이 되어야 할 국회가 자유민주주의 체제를 붕괴시키는 괴물이 된 것입니다.

지금 대한민국은 당장 무너져도 이상하지 않을 정도의 풍전등

화의 운명에 처해 있습니다.

친애하는 국민 여러분,

저는 북한 공산 세력의 위협으로부터 자유 대한민국을 수호하고 우리 국민의 자유와 행복을 약탈하고 있는 파렴치한 종북 반국가 세력들을 일거에 척결하고 자유 헌정 질서를 지키기 위해 비상계엄을 선포합니다.

저는 이 비상계엄을 통해 망국의 나락으로 떨어지고 있는 자유 대한민국을 재건하고 지켜낼 것입니다.

이를 위해 저는 지금까지 패악질을 일삼은 망국의 원흉 반국가 세력을 반드시 척결하겠습니다. 이는 체제 전복을 노리는 반국가 세력의 준동으로부터 국민의 자유와 안전, 그리고 국가 지속 가능성을 보장하며, 미래 세대에게 제대로 된 나라를 물려주기 위한 불가피한 조치입니다.

저는 가능한 한 빠른 시간 내에 반국가 세력을 척결하고 국가를 정상화시키겠습니다.
계엄선포로 인해 자유 대한민국 헌법 가치를 믿고 따라주신 선량한 국민들께 다소의 불편이 있겠습니다마는, 이러한 불편을 최소화하는 데 주력할 것입니다.

이와 같은 조치는 자유 대한민국의 영속성을 위해 부득이한 것이며, 대한민국이 국제사회에서 책임과 기여를 다 한다는 대외정책 기조에는 아무런 변함이 없습니다.

대통령으로서 국민 여러분께 간곡히 호소드립니다.
저는 오로지 국민 여러분만 믿고 신명을 바쳐 자유 대한민국을 지켜낼 것입니다. 저를 믿어주십시오.

감사합니다.

3) 12월 7일자 대국민 담화문

© 대통령실

국민께 드리는 말씀

존경하는 국민 여러분,

저는 12월 3일 밤 11시를 기해 비상계엄을 선포했습니다.

약 2시간 후 12월 4일 오전 1시 경, 국회의 계엄 해제 결의에 따라 군의 철수를 지시하고, 심야 국무회의를 거쳐 계엄을 해제하였습니다.

이번 비상계엄 선포는 국정 최종 책임자인 대통령으로서의 절박함에서 비롯되었습니다.

하지만, 그 과정에서 국민들께 불안과 불편을 끼쳐 드렸습니다.

매우 송구스럽게 생각하며, 많이 놀라셨을 국민 여러분께 진심으로 사과드립니다.

저는 이번 계엄선포와 관련하여 법적, 정치적 책임 문제를 회피하지 않겠습니다.

국민 여러분,

또다시 계엄을 발동할 것이라는 얘기들이 있습니다마는, 분명하게 말씀드립니다.

제2의 계엄과 같은 일은 결코 없을 것입니다.

국민 여러분,

저의 임기 문제를 포함하여 앞으로의 정국 안정 방안은 우리 당에 일임하겠습니다.

향후 국정 운영은 우리 당과 정부가 함께 책임지고 해나가겠습니다.

국민 여러분께 심려를 끼쳐 드린 점, 다시 한번 머리 숙여 사과드립니다.

4) 2024년 12월 12일자 대국민 담화문

...

존경하는 국민 여러분,

저는 오늘, 비상계엄에 관한 입장을 밝히기 위해 이 자리에 섰습니다.

지금 야당은 비상계엄 선포가 내란죄에 해당한다며, 광란의 칼춤을 추고 있습니다.
정말 그렇습니까?
과연 지금 대한민국에서 국정 마비와 국헌문란을 벌이고 있는 세력이 누구입니까?

지난 2년 반 동안 거대 야당은, 국민이 뽑은 대통령을 인정하지 않고 끌어내리기 위해, 퇴진과 탄핵 선동을 멈추지 않았습니다. 대선 결과를 승복하지 않은 것입니다.
대선 이후부터 현재까지 무려 178회에 달하는 대통령 퇴진, 탄핵 집회가 임기 초부터 열렸습니다.
대통령의 국정 운영을 마비시키기 위해 우리 정부 출범 이후부터 지금까지 수십 명의 정부 공직자 탄핵을 추진했습니다.

탄핵된 공직자들은 아무 잘못이 없어도 소추부터 판결 선고 시까지 장기간 직무가 정지됩니다.

탄핵이 발의되고 소추가 이루어지기 전, 많은 공직자가 자진 사퇴하기도 하였습니다. 탄핵 남발로 국정을 마비시켜 온 것입니다.

장관, 방통위원장 등을 비롯하여 자신들의 비위를 조사한 감사원장과 검사들을 탄핵하고, 판사들을 겁박하는 지경에 이르렀습니다.

자신들의 비위를 덮기 위한 방탄 탄핵이고, 공직기강과 법질서를 완전히 무너뜨리는 것입니다.

뿐만 아니라 위헌적 특검 법안을 27번이나 발의하면서 정치 선동 공세를 가해왔습니다.

급기야는 범죄자가 스스로 자기에게 면죄부를 주는 셀프 방탄 입법까지 밀어붙이고 있습니다.

거대 야당이 지배하는 국회가 자유민주주의의 기반이 아니라 자유민주주의 헌정 질서를 파괴하는 괴물이 된 것입니다.

이것이 국정 마비요, 국가 위기 상황이 아니면 무엇이란 말입니까?

이것뿐만이 아닙니다. 지금 거대 야당은 국가 안보와 사회 안전까지 위협하고 있습니다.

예를 들어, 지난 6월 중국인 3명이 드론을 띄워 부산에 정박 중이던 미국 항공모함을 촬영하다 적발된 사건이 있었습니다.

이들의 스마트폰과 노트북에서는 최소 2년 이상 한국의 군사시설들을 촬영한 사진들이 발견되었습니다.

지난달에는 40대 중국인이 드론으로 국정원을 촬영하다 붙잡혔습니다.

이 사람은 중국에서 입국하자마자 곧장 국정원으로 가서 이 같은 일을 벌인 것으로 확인됐습니다.

하지만, 현행 법률로는 외국인의 간첩행위를 간첩죄로 처벌할 길이 없습니다. 이러한 상황을 막기 위해 형법의 간첩죄 조항을 수정하려 했지만, 거대 야당이 완강히 가로막고 있습니다.

지난 정권 당시 국정원의 대공수사권을 박탈한 것도 모자라서, 국가보안법 폐지도 시도하고 있습니다.

국가 안보를 위협하는 간첩을 잡지 말라는 것 아닙니까?

북한의 불법적인 핵무장과 미사일 위협 도발에도, GPS 교란과 오물풍선에도, 민주노총 간첩 사건에도, 거대 야당은 이에 동조할 뿐 아니라, 오히려 북한 편을 들면서 이에 대응하기 위해 고군분투하는 정부를 흠집 내기만 했습니다. 북한의 불법 핵 개발에 따른 UN 대북 제재도 먼저 풀어야 한다고 주장합니다.

도대체 어느 나라 정당이고, 어느 나라 국회인지 알 수가 없습니다.

검찰과 경찰의 내년도 특경비, 특활비 예산은 아예 0원으로 깎았습니다. 금융사기 사건, 사회적 약자 대상 범죄, 마약 수사 등 민생 침해 사건 수사, 그리고 대공 수사에 쓰이는 긴요한 예산입니다.

마약, 딥페이크 범죄 대응 예산까지도 대폭 삭감했습니다. 자신들을 향한 수사 방해를 넘어, 마약 수사, 조폭 수사와 같은 민생사범 수사까지 가로막는 것입니다. 대한민국을 간첩 천국, 마약 소굴, 조폭 나라로 만들겠다는 것 아닙니까?
이런 사람들이야말로 나라를 망치려는 반국가세력 아닙니까?
그래 놓고 자신들의 특권을 유지하기 위한 국회 예산은 오히려 늘렸습니다.

경제도 위기 비상 상황입니다.
거대 야당은 대한민국의 성장동력까지 꺼트리려고 하고 있습니다.
민주당이 삭감한 내년 예산 내역을 보면 잘 알 수 있습니다.

원전 생태계 지원 예산을 삭감하고, 체코 원전 수출 지원 예산은 무려 90%를 깎아 버렸습니다. 차세대 원전 개발 관련 예산은 거의 전액을 삭감했습니다.
기초과학연구, 양자, 반도체, 바이오 등 미래 성장동력 예산도 대폭 삭감했습니다.
동해 가스전 시추 예산, 이른바 대왕고래 사업 예산도 사실상 전액 삭감했습니다.

청년 일자리 지원 사업, 취약계층 아동 자산 형성 지원 사업, 아이들 돌봄 수당까지 손을 댔습니다.

산업 생태계 조성을 위한 혁신성장펀드, 강소기업 육성 예산도 삭감했습니다.
재해 대책 예비비는 무려 1조원을 삭감하고, 팬데믹 대비를 위한 백신 개발과 관련 R&D 예산도 깎았습니다.

이처럼 지금 대한민국은 거대 야당의 의회 독재와 폭거로 국정이 마비되고 사회 질서가 교란되어, 행정과 사법의 정상적인 수행이 불가능한 상황입니다.

국민 여러분,

여기까지는 국민 여러분께서도 많이 아시고 계실 것입니다.
하지만, 제가 비상계엄이라는 엄중한 결단을 내리기까지, 그동안 직접 차마 밝히지 못했던 더 심각한 일들이 많이 있습니다.

작년 하반기 선거관리위원회를 비롯한 헌법기관들과 정부 기관에 대해 북한의 해킹 공격이 있었습니다. 국가정보원이 이를 발견하고 정보 유출과 전산시스템 안전성을 점검하고자 했습니다.

다른 모든 기관은 자신들의 참관 하에 국정원이 점검하는 것에 동의하여 시스템 점검이 진행되었습니다. 그러나 선거관리위원회는 헌법기관임을 내세우며 완강히 거부하였습니다.

그러다가 선관위의 대규모 채용 부정 사건이 터져 감사와 수사를 받게 되자 국정원의 점검을 받겠다고 한발 물러섰습니다.

그렇지만 전체 시스템 장비의 아주 일부분만 점검에 응하였고, 나머지는 불응했습니다. 시스템 장비 일부분만 점검했지만, 상황은 심각했습니다.

국정원 직원이 해커로서 해킹을 시도하자 얼마든지 데이터 조작이 가능하였고 방화벽도 사실상 없는 것이나 마찬가지였습니다. 비밀번호도 아주 단순하여 '12345' 같은 식이었습니다. 시스템 보안 관리회사도 아주 작은 규모의 전문성이 매우 부족한 회사였습니다.

저는 당시 대통령으로서 국정원의 보고를 받고 충격에 빠졌습니다.

민주주의 핵심인 선거를 관리하는 전산시스템이 이렇게 엉터리인데, 어떻게 국민들이 선거 결과를 신뢰할 수 있겠습니까?

선관위도 국정원의 보안 점검 과정에 입회하여 지켜보았지만, 자신들이 직접 데이터를 조작한 일이 없다는 변명만 되풀이할 뿐이었습니다.

선관위는 헌법기관이고, 사법부 관계자들이 위원으로 있어 영장에 의한 압수수색이나 강제수사가 사실상 불가능합니다.

스스로 협조하지 않으면 진상규명이 불가능합니다.

지난 24년 4월 총선을 앞두고도 문제 있는 부분에 대한 개선을 요구했지만, 제대로 개선되었는지는 알 수 없습니다.

그래서 저는 이번에 국방장관에게 선관위 전산시스템을 점검하도록 지시한 것입니다. 최근 거대 야당 민주당이 자신들의 비리를 수사하고 감사하는 서울중앙지검장과 검사들, 헌법기관인 감사원장을 탄핵하겠다고 하였을 때, 저는 이제 더 이상은 그냥 지켜볼 수만 없다고 판단했습니다.
뭐라도 해야 되겠다고 생각했습니다.
이들은 이제 곧 사법부에도 탄핵의 칼을 들이댈 것이 분명했습니다.

저는 비상계엄령 발동을 생각하게 되었습니다.
거대 야당이 헌법상 권한을 남용하여 위헌적 조치들을 계속 반복했지만, 저는 헌법의 틀 내에서 대통령의 권한을 행사하기로 했습니다. 현재의 망국적 국정 마비 상황을 사회 교란으로 인한 행정 사법의 국가 기능 붕괴 상태로 판단하여 계엄령을 발동하되, 그 목적은 국민들에게 거대 야당의 반국가적 패악을 알려 이를 멈추도록 경고하는 것이었습니다.

그럼으로써 자유민주주의 헌정 질서의 붕괴를 막고, 국가 기능을 정상화하고자 하였습니다.

　사실 12월 4일 계엄 해제 이후 민주당에서 감사원장과 서울중앙지검장 등에 대한 탄핵안을 보류하겠다고 하여 짧은 시간의 계엄을 통한 메시지가 일정 부분 효과가 있었다고 생각했습니다. 그러나 이틀 후 보류하겠다던 탄핵소추를 그냥 해 버렸습니다.

　비상계엄의 명분을 없애겠다는 뜻이었습니다.
　애당초 저는 국방장관에게, 과거의 계엄과는 달리 계엄의 형식을 빌려 작금의 위기 상황을 국민들께 알리고 호소하는 비상조치를 하겠다고 했습니다.

　그래서 질서 유지에 필요한 소수의 병력만 투입하고, 실무장은 하지 말고, 국회의 계엄 해제 의결이 있으면 바로 병력을 철수시킬 것이라고 했습니다.
　실제로 국회의 계엄 해제 의결이 있자 국방부 청사에 있던 국방장관을 제 사무실로 오게 하여 즉각적인 병력 철수를 지시하였습니다.

　제가 대통령으로서 발령한 이번 비상조치는 대한민국의 헌정 질서와 국헌을 망가뜨리려는 것이 아니라, 국민들에게 망국의 위기 상황을 알려드려 헌정 질서와 국헌을 지키고 회복하기 위한 것입니다.

소규모이지만 병력을 국회에 투입한 이유도 거대 야당의 망국적 행태를 상징적으로 알리고, 계엄선포 방송을 본 국회 관계자와 시민들이 대거 몰릴 것을 대비하여 질서 유지를 하기 위한 것이지, 국회를 해산시키거나 기능을 마비시키려는 것이 아님은 자명합니다.

300명 미만의 실무장하지 않은 병력으로 그 넓디넓은 국회 공간을 상당 기간 장악할 수 없는 것입니다.

과거와 같은 계엄을 하려면 수만 명의 병력이 필요하고, 광범위한 사전 논의와 준비가 필요하지만, 저는 국방장관에게 계엄령 발령 담화 방송으로 국민들께 알린 이후에 병력을 이동시키라고 지시했습니다.

그래서 10시 30분 담화 방송을 하고 병력 투입도 11시 30분에서 12시 조금 넘어서 이루어졌으며, 1시 조금 넘어 국회의 계엄 해제 결의가 있자 즉각 군 철수를 지시하였습니다.

결국 병력이 투입된 시간은 한두 시간 정도에 불과합니다.

만일 국회 기능을 마비시키려 했다면, 평일이 아닌 주말을 기해서 계엄을 발동했을 것입니다.

국회 건물에 대한 단전, 단수 조치부터 취했을 것이고, 방송 송

출도 제한했을 것입니다.

그러나 그 어느 것도 하지 않았습니다.

국회에서 정상적으로 심의가 이루어졌고, 방송을 통해 온 국민이 국회 상황을 지켜보았습니다.
자유민주 헌정 질서를 회복하고 수호하기 위해 국민들께 망국적 상황을 호소하는 불가피한 비상조치를 했지만, 사상자가 발생하지 않도록 안전사고 방지에 만전을 기하도록 하였고, 사병이 아닌 부사관 이상 정예 병력만 이동시키도록 한 것입니다.

저는 이번 비상계엄을 준비하면서 오로지 국방장관하고만 논의하였고, 대통령실과 내각 일부 인사에게 선포 직전 국무회의에서 알렸습니다.

각자의 담당 업무 관점에서 우려되는 반대 의견 개진도 많았습니다.

저는 국정 전반을 보는 대통령의 입장에서 현 상황에서 이런 조치가 불가피하다고 설명했습니다.

군 관계자들은 모두 대통령의 비상계엄 발표 이후 병력 이동 지시를 따른 것이니만큼, 이들에게는 전혀 잘못이 없습니다.
그리고 분명히 말씀드리지만, 저는 국회 관계자의 국회 출입을 막지 않도록 하였고, 그래서 국회의원과 엄청나게 많은 인파가 국회 마당과 본관, 본회의장으로 들어갔고 계엄 해제 안건 심의도 진행된 것입니다.

그런데도 어떻게든 내란죄를 만들어 대통령을 끌어내리기 위해 수많은 허위 선동을 만들어내고 있습니다.

도대체 2시간짜리 내란이라는 것이 있습니까?

질서 유지를 위해 소수의 병력을 잠시 투입한 것이 폭동이란 말입니까?

거대 야당이 거짓 선동으로 탄핵을 서두르는 이유가 무엇이겠습니까?

단 하나입니다.
거대 야당 대표의 유죄 선고가 임박하자, 대통령의 탄핵을 통해 이를 회피하고 조기 대선을 치르려는 것입니다.

국가 시스템을 무너뜨려서라도, 자신의 범죄를 덮고 국정을 장악하려는 것입니다.
이야말로 국헌문란 행위 아닙니까?

저를 탄핵하든, 수사하든 저는 이에 당당히 맞설 것입니다.

저는 이번 계엄선포와 관련해서 법적, 정치적 책임 문제를 회피하지 않겠다고 이미 말씀드린 바 있습니다.

저는 대통령 취임 이후 지금까지 단 한 순간도 개인적인 인기나 대통령 임기, 자리보전에 연연해온 적이 없습니다.

자리보전 생각만 있었다면, 국헌문란 세력과 구태여 맞서 싸울 일도 없었고 이번과 같이 비상계엄을 선포하는 일은 더더욱 없었을 것입니다.

5년 임기 자리 지키기에만 매달려 국가와 국민을 외면할 수 없었습니다.

저를 뽑아주신 국민의 뜻을 저버릴 수 없었습니다. 하루가 멀다 하고 다수의 힘으로 입법 폭거를 일삼고 오로지 방탄에만 혈안이 되어 있는 거대 야당의 의회 독재에 맞서, 대한민국의 자유민주주의와 헌정 질서를 지키려 했던 것입니다.

그 길밖에 없다고 판단해서 내린 대통령의 헌법적 결단이자 통치행위가 어떻게 내란이 될 수 있습니까?

대통령의 비상계엄 선포권 행사는 사면권 행사, 외교권 행사와 같은 사법심사의 대상이 되지 않는 통치행위입니다.
국민 여러분,

지금 야당은 저를 중범죄자로 몰면서, 당장 대통령직에서 끌어내리려 하고 있습니다.

만일 망국적 국헌문란 세력이 이 나라를 지배한다면 어떤 일이 벌어지겠습니까?

위헌적인 법률, 셀프 면죄부 법률, 경제 폭망 법률들이 국회를 무차별 통과해서 이 나라를 완전히 부술 것입니다.

원전 산업, 반도체 산업을 비롯한 미래 성장동력은 고사될 것이고, 중국산 태양광 시설들이 전국의 삼림을 파괴할 것입니다.

우리 안보와 경제의 기반인 한미동맹, 한미일 공조는 또다시 무너질 것입니다.

북한은 핵과 미사일을 고도화하여 우리의 삶을 더 심각하게 위협할 것입니다.

그러면 이 나라, 대한민국의 미래가 어떻게 되겠습니까?

간첩이 활개 치고, 마약이 미래 세대를 망가뜨리고, 조폭이 설치는, 그런 나라가 되지 않겠습니까?

지금껏 국정 마비와 국헌문란을 주도한 세력과 범죄자 집단이 국정을 장악하고, 대한민국의 미래를 위협하는 일만큼은 어떤 일이 있어도 막아야 합니다.

저는 끝까지 싸울 것입니다.

국민 여러분,

국정 마비의 망국적 비상 상황에서 나라를 지키기 위해, 국정을 정상화하기 위해, 대통령의 법적 권한으로 행사한 비상계엄 조치는, 대통령의 고도의 정치적 판단이고, 오로지 국회의 해제 요구만으로 통제할 수 있는 것입니다.

이것이 사법부의 판례와 헌법학계의 다수 의견임을 많은 분이 알고 있습니다.

저는 국회의 해제 요구를 즉각 수용하였습니다.

계엄 발령 요건에 관해 다른 생각을 가지고 계신 분들도 있습니다만, 나라를 살리려는 비상조치를 나라를 망치려는 내란 행위로 보는 것은, 여러 헌법학자와 법률가들이 지적하는 바와 같이 우리 헌법과 법체계를 심각한 위험에 빠뜨리는 것입니다.

저는 묻고 싶습니다. 지금 여기저기서 광란의 칼춤을 추는 사람들은 나라가 이 상태에 오기까지 어디서 도대체 무얼 했습니까?

대한민국의 상황이 위태롭고 위기에 놓여 있다는 생각도 전혀 하지 않았다는 말입니까?

공직자들에게 당부합니다.

엄중한 안보 상황과 글로벌 경제위기에서 국민의 안전과 민생을 지키는 일에 흔들림 없이 매진해 주시기 바랍니다.

국민 여러분,

지난 2년 반, 저는 오로지 국민만 바라보며, 자유민주주의를 지키고 재건하기 위해 불의와 부정, 민주주의를 가장한 폭거에 맞서 싸웠습니다.

피와 땀으로 지켜온 대한민국, 우리의 자유민주주의를 지키는 길에 모두 하나가 되어주시길
간곡한 마음으로 호소드립니다.

저는 마지막 순간까지 국민 여러분과 함께 싸우겠습니다.

짧은 시간이지만 이번 계엄으로 놀라고 불안하셨을 국민 여러분께 다시 한번 사과드립니다.

국민 여러분에 대한 저의 뜨거운 충정만큼은 믿어주십시오.

5) 2024년 12월 14일자 대국민담화문

...

존경하는 국민 여러분,

오늘 국회의 탄핵소추안이 가결되는 모습을 보면서, 처음 정치 참여를 선언했던 2021년 6월 29일이 떠올랐습니다.

이 나라의 자유민주주의와 법치는 무너져 있었습니다.

자영업자의 절망, 청년들의 좌절이 온 나라를 채우고 있었습니다.

그 뜨거운 국민적 열망을 안고 정치에 뛰어들었습니다.

그 이후 한순간도 쉬지 않고, 온 힘을 쏟아 일해 왔습니다.

대통령이 되어 현장의 국민을 만나보니 전 정부의 소주성 정책으로 소상공인과 자영업자가 비명을 지르고 있었고

부동산 영끌대출로 청년들과 서민들이 신음하고 있었습니다.

그렇지만 차분히 어려운 사정을 챙겨 듣고 조금씩 문제를 풀어 드렸을 때, 그 무엇보다 큰 행복을 느꼈습니다.

수출이 살아나면서 경제가 활력을 되찾고, 조금씩 온기가 퍼져 나가는 모습에 힘이 났습니다.

무너졌던 원전 생태계를 복원시켜 원전 수출까지 이뤄냈습니다.

미래를 위해 꼭 필요하지만 선거에 불리할까 봐 지난 정부들이 하지 못했던 4대 개혁을 절박한 심정으로 추진해 왔습니다.

국민을 위해 고민하고 추진하던 정책들이 발목을 잡혔을 때는 속이 타들어 가고 밤잠을 못 이뤘습니다.

한미일 공조를 복원하고 글로벌 외교의 지평을 넓히기 위해 밤낮없이 뛰었습니다.

대한민국 1호 영업사원 타이틀을 달고 세계를 누비며 성과를 거둘 때면, 말로 설명할 수 없는 큰 보람을 느꼈습니다.

대한민국의 국제적 위상이 높아지고 우리 안보와 경제가 튼튼해지는 모습에 피곤도 잊었습니다.

이제, 고되지만 행복했고 힘들었지만 보람찼던 그 여정을, 잠시 멈추게 됐습니다.

그동안의 노력이 허사로 돌아가지 않을까 답답합니다.

저는 지금 잠시 멈춰 서지만, 지난 2년 반 국민과 함께 걸어 온 미래를 향한 여정은 결코 멈춰 서서는 안 될 것입니다.

저는 결코 포기하지 않겠습니다.

저를 향한 질책, 격려와 성원을 모두 마음에 품고, 마지막 순간까지 국가를 위해 최선을 다하겠습니다.

공직자 여러분께 당부드립니다.

어렵고 힘든 시간이지만, 흔들림 없이 각자의 위치를 지키며 맡은 바 소임을 다해주시길 바랍니다.

대통령 권한 대행을 중심으로 모두가 힘을 모아서, 국민의 안전과 행복을 지키는 데 최선을 다해주시기를 바랍니다.

　그리고 정치권에 당부드립니다.
　이제 폭주와 대결의 정치에서 숙의와 배려의 정치로 바뀔 수 있도록
　정치문화와 제도를 개선하는 데 관심과 노력을 기울여 주시기 바랍니다.

　사랑하는 국민 여러분,
　저는 우리 국민의 저력을 믿습니다.
　우리 모두 대한민국의 자유민주주의와 번영을 위해 힘을 모읍시다.
　감사합니다.

6) 국민께 드리는 손편지글 (2025년 1월 15일)

(이 글은 윤석열 대통령이 공수처에 체포되기 전날 직접 손편지로 작성한 '국민께 드리는 글'입니다.)

국민 여러분, 새해 좋은 꿈 많이 꾸셨습니까?

을사년 새해에는 정말 기쁜 일 많으시길 바랍니다.

저는 작년 12월 14일 탄핵 소추되고 나서 혼자 생각하는 시간을 많이 갖게 됐습니다. 좀 아이러니하지만, 탄핵소추가 되고 보니 이제서야 제가 대통령이구나 하는 생각이 듭니다.

26년의 공직생활, 8개월의 대선 운동, 대통령 당선과 정권 인수

작업, 대통령 취임…. 취임 이후 새벽부터 밤늦게까지 정신없이 일만 하다 보니, 제가 대통령이라는 생각을 못 하고 지내온 것 같습니다.

공직 인사, 선거 공약과 국정과제, 현안과 위기관리 등, 외교, 안보, 경제, 사회 문제를 정말 치열하게 고민하고 토론하고 어려운 결정을 해야 하는 일이 많았습니다.

저는 학창 시절부터 능력은 노력이라는 생각을 가지고 살아왔기에, 무조건 열심히 치열하게 일해왔습니다. 대통령답게 권위도 갖고 휴식도 취하고 하라고 조언하는 분도 많이 계셨지만, 취임 이후 나라 안팎의 사정이 녹록지 않았습니다.

글로벌 안보 및 공급망 위기, 고물가, 고금리, 고환율의 외생적 경제위기가 닥쳐왔습니다. 지난 정부의 포퓰리즘 정책에 따른 국가채무의 폭발적 증가, 부동산 정책 실패에 따른 영글 가계대출 문제, 소주성 정책에 의한 최저임금 인상 등으로 자영업자와 소상공인, 중소기업의 경영 악화와 대출금 문제 등은 경제위기를 극복해 나가는 데 어려움을 더하였습니다.

하지만, 국민 여러분께서 어려운 여건에도 저와 정부를 믿고 따라주신 덕분에, 차근차근 현안과 위기를 풀어갈 수 있었습니다.

징벌적 과세 정책을 폐기하고 시장 원리에 충실하게 부동산 정책을 펴 온 결과, 주택 가격을 안정적으로 관리하고 글로벌 중추 국가 외교와 경제를 연결하여 해외시장을 개척하고 수출에 노력한 결과, 지난해 역대 최대 수출 실적을 달성하고 우리보다 인구가 2.5배 많은 일본을 거의 따라갔습니다.

1인당 GDP는 지난해 일본을 추월했구요. 한미동맹의 핵기반 업그레이드와 포괄적 전략동맹 강화, 그리고 한일관계 정상화를 통한 한미일 3국 협력체계는, 우리 경제의 대외신인도를 든든하게 뒷받침해 주었습니다.

요새는 안보와 경제, 그리고 사회개혁을 위해 이리 뛰고 저리 뛴 지난 2년 반의 시간이 파노라마처럼 스쳐 갑니다.

좀 더 현명하게 더 경청하면서 잘했어야 했는데 하는 후회도 많이 듭니다. 지난 대선 기간, 그리고 취임 후 2년 반의 시간을 돌이켜 보면, 부족한 저를 믿고 응원해주신 국민 한 분 한 분의 얼굴이 떠오르고, 지친 몸을 끌고 새벽일을 시작하시는 분들, 추운 아침 미래를 준비하기 위해 책가방을 둘러메고 나가는 학생들, 어려운 여건에서 아프고 불편한 몸으로 고생하시는 분들 생각이 많이 납니다. 찾아뵙고 도움을 드리지 못해 안타까운 마음입니다.

부지런히 돌아다니고 일하다가 이렇게 직무 정지 상태에서 비로소 "내가 대통령이구나"라는 생각을 하게 되는 것은, 이러한 안타까움 때문이 아닌가 싶습니다.

이번 직무 정지가 저의 공직생활에서 네 번째 직무 정지입니다. 검사로서 한 차례, 검찰총장으로서 두 차례, 모두 세 차례의 직무 정지를 받았습니다.

제 주변 사람들은 제게 적당히 타협하고 조금 쉬운 길을 찾지 않는다고, 어리석다고 합니다. 어리석은 선택으로 직무 정지를 받다 보면 가까운 사람들이 등을 돌리고 외로움을 느낄 때도 있지만, 시간이 지나면 오해도 풀리고 많은 분의 응원과 격려가 힘이 되었습니다.

늘 저의 어리석은 결단은 저의 변함없는 자유민주주와 법치주의에 대한 신념이었습니다. 자유민주주의 아닌 민주주의는 가짜 민주주의이고, 민주주의의 이름을 빌린 독재와 전체주의입니다.

민주주의는 개인의 자유를 지켜주기 위한 제도이고, 자유민주주의는 법치주의를 통해 실현되는 것입니다.

또, 우리 공동체 모든 사람의 자유가 공존하는 방식이 바로 법치입니다. 법치는 자유를 존중하는 합리적인 법과 공정한 사법관에 의해 실현됩니다.

법치주의는 자유민주주의의 핵심 요소입니다. 자유민주주의는 경제에 있어 자유시장경제 원리와 결합하여 자율과 창의를 통해 우리의 번영을 이루어내고, 풍부한 복지와 연대의 재원을 만들어내며 번영의 선순환을 만들어냅니다.

우리나라는 부존자원이 없지만 훌륭한 인적자원을 가지고 있고 개방적이고 활발한 국제교역을 통해 발전해왔습니다.

오늘날 세계는 안보, 경제, 원자재 공급망 등에서, 모든 나라들이 서로 복잡한 관계를 맺고 있습니다.

우리의 번영을 지속하고 미래세대에 이어주려면, 자유와 법치의 가치를 공유하는 국가들과의
연대가 특히 중요합니다.

물론 우리에게 적대적인 공격을 하지 않는 국가는, 체제와 가치가 다르더라도 상호존중과 공동이익의 추구라는 현실적인 측면에서 협력해야 합니다.

하지만 체제와 지향하는 가치가 우리와 다르고, 우리에게 적대적인 영향력 공세를 하는 국가라면, 늘 경계하면서 우리의 주권을 지키고 훼손당하지 않도록 해야 합니다.

외부의 주권 침탈 세력의 적대적 영향력 공작을 늘 경계해야 하는 것입니다. 그렇게 해야 그런 세력의 영향력을 차단하고 우리를 만만히 보지 않도록 하면서 상호존중과 공동이익을 실현할 수 있는 것입니다. 우리가 경계하고 조심해야 공동 번영과 평화를 누릴 수 있는 것입니다.

제2차 세계대전 이후 UN이 설립되고 어떤 사유이든 분쟁을 군사 공격과 전쟁으로 해결하는 것은 국제법상 금지되고, 방어 목적 이외 전쟁은 금지되었습니다.

총칼로써 피를 흘리는 군사 공격과 전쟁 도발은 국제법상 금지되었으므로, 강대국이라 하더라도 외교상 큰 부담으로 작용하게 되어, 총칼을 쓰지 않는 회색지대 전술이 널리 사용되게 된 것입니다.

허위 선동의 심리전, 정치인 매수와 선거 개입 등의 정치전, 디지털 시스템을 공격하는 사이버전, 군사적 시위와 위협을 보태어 시현하는 하이브리드 전술이 널리 쓰이게 된 것입니다.

국가기밀정보와 핵심 산업기술 정보의 탈취와 같은 정보전도 하이브리드 전에 포함됩니다. 그래서 현대적 신흥 안보는 군사 정치 안보를 넘어서, 경제 안보, 보건 환경 안보, 에너지 식량 안보, 첨단 기술 안보, 사이버 안보, 재난 안보 등 매우 포괄적이고 다양합니다.

군사 정치 안보는 정보 보호, 보안과 각종 영향력 공작 차단을 포함합니다. 군사도발과 전쟁은 상대국의 주권을 침탈하는 정치 행위인데, 국제법이 금지하는 군사도발과 전쟁을 하지 않고 공격과 책임 주체도 뚜렷이 드러나지 않는 다양한 회색지대 하이브리드 전을 주권 침탈의 수단으로 사용하는 것입니다.

특히, 권위주의 독재 국가, 전체주의 국가는 체제 유지를 위해 주변국을 비롯한 많은 국가를 속국 내지 영향권 하에 두려고 하고 있습니다.

국내 정치세력 가운데 외부의 주권 침탈 세력과 손을 잡으면 이들의 영향력 공작의 도움을 받아 정치권력을 획득하는 데 유리합니다.

그러나 공짜는 없습니다. 우리의 핵심 국익을 내줘야 합니다. 국가기밀정보, 산업기술 정보뿐 아니라 원전과 같은 에너지 안보와 산업 경쟁력 등을 내주고, 나아가 자유의 가치를 공유하는 국가들과의 연대를 붕괴시키고, 스스로 외교 고립화를 자초합니다.

국익에 명백히 반하는 반국가행위를 하는 것입니다. 이런 세력이 집권 여당으로 있을 때뿐만 아니라, 국회 의석을 대거 점유한 거대 야당이 되는 경우에도 국익에 반하는 반국가행위는 계속됩니다.

막강한 국회 권력과 국회 독재로 입법과 예산 봉쇄를 통해 집권 여당의 국정 운영을 철저히 틀어막고 국정 마비를 시킵니다. 여야 간의 정치적 의견 차이나 견제와 균형 차원을 넘어서, 반국가적인 국익 포기 강요와 국정 마비, 헌정질서 붕괴를 밀어붙입니다.

이건 남의 나라 이야기가 아닙니다. 바로 대한민국의 현실입니다. 어떤 정치세력이라도 유권자의 눈치를 보게 되어 있어, 무도한 패악을 계속하기 어렵지만, 선거 조작으로 언제든 국회 의석을 계획한 대로 차지할 수 있다든가 행정권을 접수할 수 있다고 자신한다면 못 할 일이 뭐가 있겠습니까?

우리나라 선거에서 부정선거의 증거는 너무나 많습니다. 이를 가능하게 하는 선관위의 엉터리 시스템도 다 드러났습니다.

특정인을 지목해서 부정선거를 처벌할 증거가 부족하다 하여, 부정선거를 음모론으로 일축할 수 없습니다.

칼에 찔려 사망한 시신이 다수 발견됐는데, 살인범을 특정하지 못했다 하여 살인사건이 없었고 정상적인 자연사라고 우길 수 없는 것입니다.

정상적인 법치국가라면 수사기관에 적극 수사 의뢰하고 모두 협력하여 범인을 찾아야 하는 것입니다.

선거 소송의 투표함 검표에서 엄청난 가짜 투표지가 발견되었고, 선관위의 전산시스템이 해킹과 조작에 무방비이고, 정상적인 국가기관 전산시스템의 기준에 현격히 미달한데도, 이를 시정하려는 어떠한 노력도 하지 않을 뿐 아니라, 발표된 투표자 수와 실제 투표자 수의 일치 여부에 대한 검증과 확인을 거부한다면, 총체적인 부정선거 시스템이 가동된 것입니다.

이는 국민의 주권을 도둑질하는 행위이고 자유민주주의를 붕괴시키는 행위입니다. 자유민주주의와 법치주의를 지향하는 정상적인 국가라면, 선거소송에서 이를 발견한 대법관과 선관위가 수사

의뢰하고 수사에 적극 협력하여 이런 불법 선거 행위가 일어났는지 철저히 확인해야 하는 것입니다.

그럼에도 이를 은폐하였습니다. 살해당한 시신은 많이 발견됐는데, 피해자 가족에게 누가 범인인지 입증 자료를 찾아 고소하여 처벌이 확정되지 않는 한 살인사건을 운운하는 것을 음모론이라고 공격한다면 이게 국가입니까?

디지털 시스템과 가짜 투표지 투입 등으로 이루어지는 부정선거 시스템은 한 국가의 경험 없는 정치세력이 혼자 독자적으로 시도하고 추진할 수 있는 일이 아닙니다.

잘못하다가 적발되면 정치세력이 붕괴될 수 있습니다. 혼자서는 엄두도 내기 어려운 일입니다. 기껏해야 금품 살포, 이권 거래, 여론 조작 등일 것입니다.

하지만 투개표 부정과 여론조사 조작을 연결시키는 부정선거 시스템은, 이를 시도하고 추진하려는 정치세력의 국제적 연대와 협력이 필요함을 보여줍니다.

투개표 부정선거 시스템은 특정 정치세력이 장악한 여론조사 시스템과 선관위의 확인 거부 및 은폐로 구성되는 것입니다.

살인범을 특정하지 못해서, 살인사건을 음모론이라고 우기는 여론 조성 역시, 투개표 부정선거 시스템의 한 축을 구성합니다.

국민 여러분께서 아시는 바와 같이, 이게 우리나라 현실이라면 지금 이 상황이 위기입니까? 정상입니까?

이 상황이 전시, 사변에 준하는 국가비상사태입니까? 아닙니까?
전시와 사변은 우리 국토 공간 위에서 벌어지는 물리적인 상황, 즉 하드웨어의 위기 상황이라면, 지금 우리의 현실은 우리나라의 운영 시스템과 소프트웨어의 위기 상황인 것입니다.
헌법 66조는 대통령은 국가원수로서 국가를 대표하며 국가의 독립, 영토의 보전, 국가의 계속성과 헌법을 수호할 책무를 진다고 되어 있습니다.

쉽게 말하면, 대통령에게 대한민국의 하드웨어를 지키고 운영체계와 소프트웨어를 수호하라는 책무를 부여한 것입니다.

거대 야당이 국회 독재를 통해 입법과 예산을 봉쇄하여 국정을 마비시키고, 위헌적인 법률과 국익에 반하는 비정상적인 법률을 남발하여 정부에 대한 불만과 국론 분열을 조장하고, 수십 차례의 줄탄핵으로 잘못 없는 고위공직자들의 직무를 정지시키고, 심지어는 자신들의 비리를 수사하고 감사하는 검사와 감사원장까지 탄핵하고, 자신들의 비리를 덮는 방탄 입법을 마구잡이로 추진하는 상황은, 대한민국 운영체계의 망국적 위기로서 대통령은 이 운영체계를 지켜낼 책무가 있습니다.

저는 헌법기관인 감사원장까지 탄핵하여 같은 헌법기관인 헌법재판소의 법정에 세우려는 것을 보고, 헌법 수호 책무를 이행하기 위한 비상조치가 필요하다고 생각하였습니다.

거대 야당의 일련의 행위가 전시, 사변에 준하는 국가비상사태라고 판단하고, 대통령에게 독점적 배타적으로 부여된 비상계엄 권한을 행사하기로 한 것입니다.

계엄은 과거에는 전쟁을 대비하기 위한 것에 국한되는 것이었지만, 우리 헌법은 '이에 준하는 국가비상사태'라고 규정하여, 전쟁 이외의 다양한 국가 위기 상황을 계엄령 발동 상황으로 예상하고 있습니다.

국가 위기 상황에서 자유민주 국가의 대통령이 가장 먼저 해야 할 일은, 주권자인 국민들에게 국가 위기 상황을 알리고, 이를 극복하기 위해 힘쓰자는 호소를 하는 것입니다.

국가 위기 상황을 군과 독재적 행정력만으로 돌파할 것이 아니라, 주권자인 국민과 상황을 공유하고 국민의 협조를 받아 돌파해야 하는 것입니다.

계엄이라는 말이 상황의 엄중함을 알리고 경계한다는 뜻이 아니겠습니까?

저는 우리나라의 자유민주주의와 국민 주권이 위기 상황임을 잘 인식하지 못하고 계신 국민들께, 상황의 위급함을 알리고 주권자인 국민들이 눈을 부릅뜨고 국회 독재의 망국적 패악을 감시, 비판하게 함으로써, 자유민주주의와 헌법 질서를 지키려 하였습니다.

그래서 국방부 장관에게, 국회 독재를 알리고 질서 유지를 하기 위해, 그리고 부정선거 가동 시스템을 국민들께 제대로 알리고 진상을 파악하기 위해, 필요 최소한의 병력 투입을 지시하였고 국회 280명, 선관위에 290명의 병력이 투입된 것입니다.

국회에 투입된 280명의 병력은 국회 마당에 대기해 있다가, 그리고 선관위에 투입된 병력은 수십 명의 디지털 요원만 내부 시스템에 접근하고 나머지는 외부에 대기해 있다가, 계엄 선포 2시간 30분 만에 국회의 계엄 해제 요구 의결이 있자 즉각 철수하였고, 아무런 사상자나 피해 없이 평화롭게 마무리되었습니다.

국민 여러분, 계엄은 범죄가 아닙니다.

계엄은 국가 위기를 극복하기 위한 대통령의 권한 행사입니다. 그렇기 때문에 대통령의 권한 행사를 보좌하기 위해, 합동참모본부에 계엄과가 있는 것입니다.

'계엄=내란'이라는 내란몰이 프레임 공세로 저도 탄핵 소추되었고, 이를 준비하고 실행한 국방부 장관과 군 관계자들이 지금 구속되어 있습니다.

참으로 어이없는 일입니다. 병력 투입 시간이 불과 2시간인데, 2시간짜리 내란이 있습니까?

방송으로 전 세계, 전 국민에게 시작한다고 알리고, 3시간도 못되어 국회가 그만두라고 한다고 병력 철수하고 그만두는 내란 봤습니까?

합참 계엄과 계엄 매뉴얼에 의하면, 전국 비상계엄은 최소 6~7개 사단 병력 이상, 수만 명의 병력 사용이 전제되어 있습니다.

국방부 장관은 합참에서 작전부장과 작전본부장을 지낸 사람으로 이런 걸 모를 리 없습니다. 계엄의 형식을 빌린 대국민 호소이기 때문에, 소규모 병력을 계획한 것입니다.

국회의원과 국회 직원 등은 신분증 확인을 거쳐 국회 출입이 이루어졌으므로, 계엄 해제 요구 결의안 심의가 신속하게 진행되었고, 본관과 마당에는 수천 명의 사람이 오히려 280명의 군을 에워싸고 있었습니다.

병력 철수 지시에 따라 군은 마당에 있던 시민들에게 공손히 인사하고 철수했습니다. 국회를 문 닫으려 한 것입니까? 아니면 폭동을 계획하길 했습니까?

최근 야당의 탄핵소추 관계자들이 헌법재판소에서 소추 사항 중 내란죄를 철회하였습니다. 내란죄가 도저히 성립될 수 없으니, 당연한 조치를 한 것입니다. 그런데 내란 몰이로 탄핵소추를 해놓고, 재판에 가서 내란을 뺀다면, 사기 탄핵, 사기 소추 아닙니까?

탄핵소추 이후의 상황을 보아도 그 오랜 세월 민주화 운동을 했다고 자부하는 정치인들이 맞나 싶습니다.

하지만 최근 많은 국민들과 청년들이 우리나라의 위기 상황을 인식하고 주권자로서 권리와 책임 의식을 가지게 된 것을 보고 있으면, 국민들께 국가 위기 상황을 알리고 호소하길 잘했다고 생각되고, 국민들께 깊은 감사를 느끼게 됩니다.

저는 대통령에 출마할 때부터, 우리나라의 대통령이라는 자리가 영광의 길이 아니라 형극의 길이라는 사실을 잘 알고 있었습니다.

하지만, 이 나라의 자유민주주의를 반듯하게 세우고, 자유와 법치를 외면하는 전체주의적 이권 카르텔 세력과 싸워 국민들에게 주권을 찾아드리겠다고 약속한 만큼, 제 개인은 어떻게 되더라도 아무런 후회가 없습니다.

제가 독재를 하고 집권 연장을 위해 이런 식으로 계엄을 했겠습니까?
그런 소규모 미니 병력으로 초단시간 계엄을 말입니다.

사법적 판단이 어떻게 될지는 제가 알 수 없는 일이지만, 국민 여러분께서는 이 계엄이 헌법을 수호하고 국가를 살리기 위한 것인지 아닌지 잘 아실 것으로 저는 믿습니다.

과거에는 대통령의 독재에 국회의원들이 저항하고 민주화 투쟁을 했다면, 세계 어느 나라 헌정사에서도 유례가 없는 막가파식 국회 독재의 패악에 대해, 헌법 수호 책무를 부여받은 대통령으로서 당연히 저항하고 싸워야 하는 것입니다.

국가 기능을 정상화시키고, 자유민주주의를 지키기 위해서입니다. 수사권 없는 기관에 체포영장이 발부되고 정상적인 관할이 아닌 법관 쇼핑에 의해서 나아가 법률에 의한 압수·수색 제한을 법관이 임의로 해제하는 위법·무효의 영장이 발부되고, 그걸 집행한다고 수천 명의 기동경찰을 동원하고, 1급 군사시설보호구역을 무단 침입하여 대통령 경호관을 영장 집행 방해로 현행법 체포하겠다고 나서는 작금의 사법 현실을 보면서, 제가 26년 동안 경험한 법조계가 이런 건지 어처구니가 없습니다.

차유민주주의를 경시하는 사람들이 권력의 칼자루를 쥐면 어떤 짓을 하는지, 우리나라가 지금 심각한 망국의 위기 상황이라는 제 판단이 틀리지 않았다는 쓸쓸한 확신이 들게 됩니다.

자유민주주의와 법치는 동전의 양면입니다. 자유민주주의를 실현하는 법치는 형식적 법치, 꼼수 부리는 법치가 아닙니다.

이런 법치는 인민민주주의 독재, 전체주의 국가에서 자유를 억압하기 위해 악용되는 법치입니다.

법은 자유민주주의 헌법정신을 실현하기 위해 만들어져야 하고, 일단 만들어진 법은 다수결의 지배가 아니라, 소수자 보호와 개인 권익 보호에 철저를 기해야 하는 것입니다.

우리나라 좌파 운동권도 자신들이 주류가 아닐 때는 이러한 법치주의의 보호에 기대왔지만, 국회 절대다수 의석을 차지한 다음에는 실질적 법치보다 다수결의 민주가 우선하며, 법치 국가적 통제보다 민주적 통제를 앞세우고 있습니다.

저는 검찰총장 시절 민주당 정권의 이런 무법적 패악을 제대로 겪었습니다. 이렇게 되면 법률가, 법조인은 정치권력의 하수인으로 전락하는 것입니다.

하지만 국민 여러분, 힘내십시오. 주권자인 국민 여러분께서 확고한 권리와 책임 의식을 가지고 이를 지키려고 노력한다면, 이 나라의 장래는 밝고 희망적입니다.

국민 여러분, 감사합니다.

7) 탄핵심판 윤석열 대통령 최후 진술
(2025년 2월 25일 헌법재판소 대심판정)

(중간 제목들은 원문에 전혀 없던 것을 붙인 것입니다. 편집자 주)

• 시작하면서 •

존경하는 헌법재판관 여러분, 그리고 사랑하는 국민 여러분, 작년 12월 3일 비상계엄을 선포한 후 84일이 지났습니다. 제 삶에서 가장 힘든 날들이었지만 감사와 성찰의 시간이기도 했습니다.

저 자신을 다시 돌아보면서 그동안 우리 국민들께 참 과분한 사랑을 받아왔다는 생각이 들었습니다. 감사한 마음이 들면서도, 국민께서 일하라고 맡겨주신 시간에 제 일을 하지 못하고 있는 현실이 송구스럽고 가슴이 아팠습니다.

한편으로 많은 국민들께서 여전히 저를 믿어주고 계신 모습에 무거운 책임감도 느꼈습니다. 국민 여러분께 죄송하고 감사하다는 말씀을 먼저 드리고 싶습니다.

비상계엄 선포에 관하여

제가 비상계엄을 선포하고 몇 시간 후 해제했을 때는 많은 분께서 이해를 못 하셨습니다. 지금도 어리둥절해하시는 분들이 있을 겁니다.

계엄이라는 단어에서 연상되는 과거의 부정적 기억도 있을 것입니다. 거대 야당과 내란 공작 세력들은 이런 트라우마를 악용하여 국민을 선동하고 있습니다. 그러나 12·3비상계엄은 과거의 계엄과는 완전히 다른 것입니다. 무력으로 국민을 억압하는 계엄이 아니라 계엄의 형식을 빌린 대국민 호소입니다. 12·3비상계엄 선포는 이 나라가 지금 망국적 위기 상황에 처해있음을 선언하는 것이고, 주권자인 국민들께서 상황을 직시하고 이를 극복하는 데 함께 나서 달라는 절박한 호소입니다.

무엇보다 저 자신 윤석열 개인을 위한 선택은 결코 아니었다는 사실을 분명하게 말씀드릴 수 있습니다. 저는 이미 권력의 정점인 대통령의 자리에 있습니다. 대통령에게 가장 편하고 쉬운 길은 힘든 일을 굳이 벌이지 않고 사회 여러 세력과 잘 타협하고 모든 사람에게 듣기 좋은 말을 하면서 임기 5년을 안온하게 보내는 것입니다.

일하겠다는 욕심을 버리면 치열하게 싸울 일도 없고 어려운 선택을 할 일도 없어집니다. 저 개인의 삶만 생각한다면 정치적 반대 세력의 거센 공격을 받을 수 있는 비상계엄을 선택할 이유가 전혀 없습니다.

저는 비상계엄을 결심했을 때 제게 많은 어려움이 닥칠 것을 당연히 예감했습니다.

거대 야당은 제가 독재를 하고 집권 연장을 위해 비상계엄을 했다고 주장합니다. 내란죄를 씌우려는 공작 프레임입니다.

정말 그런 생각이었다면 고작 280명의 실무장도 하지 않은 병력만 투입하도록 했겠습니까? 주말 아닌 평일에 계엄선포를 하고 계엄을 선포한 후에 병력을 이동시키도록 했겠습니까?

심판정 증거 조사에서 드러난 사실에 의하면 그나마 계엄 해제 요구 결의 이전에 국회에 들어간 병력은 106명에 불과하고, 본관에 들어간 병력은 15명입니다. 15명이 유리창을 깨고 들어간 이유도 자신들의 근무 위치가 본관인데 입구를 시민들이 막고 있어서 충돌을 피하기 위해 불 꺼진 창문을 찾아 들어간 것입니다. 또한 국회의 해제 요구 결의가 이루어진 이후에 즉시 모든 병력을 철수했습니다.

비상계엄 실행 과정과 결과

투입된 군 병력이 워낙 소수이다 보니 국회 외곽 경비와 질서 유지는 경찰에 요청했습니다. 경력 300명을 국회 외곽에 보냈습니다. 부상 당한 군인들은 있었지만, 일반 시민들은 단 한 명의 피해도 없었습니다.

처음부터 저는 국방부 장관에게 이번 비상계엄의 목적이 대국민 호소용임을 분명히 밝혔습니다. 또한 국회의 계엄 해제 요구가 신속히 뒤따를 것이므로 계엄 상태가 오래가지 않을 것이라고 했습니다. 하지만 그런 내용을 사전에 군 지휘관들에게 그대로 알릴 수는 없었습니다. 그래서 최소한의 병력을 실무장 하지 않은 상태로 투입함으로써, 군의 임무를 경비와 질서 유지로 확실하게 제한한 것입니다.

많은 병력이 무장 상태로 투입되면 아무리 조심하고 자제하라고 해도 군중과 충돌하기 쉽습니다. 그런 일이 발생하지 않도록 원천적으로 차단한 것이고, 실제 결과도 예상대로였습니다. 제가 소수 병력, 비무장, 경험 있는 장병, 이 세 가지를 국방부 장관에게 명확히 지시한 이유입니다.

그런데도 거대 야당은 이것을 내란이라고 주장하고 있습니다. 병력 투입 시간이 불과 2시간도 안 되는데 2시간짜리 내란이라는 것이 있습니까?

방송으로 전 세계 전 국민에게 시작한다고 알리고, 국회가 그만두라고 한다고 바로 병력을 철수하고 그만두는 그런 내란을 보셨습니까?

내란 주장의 허구성

대통령이 국회를 장악하고 내란을 일으키려 했다는 주장은 어떻게든 대통령을 끌어내리기 위한 선동 공작입니다.

대통령의 법적 권한인 계엄선포에 따라 계엄 사무를 하고 질서 유지 업무를 담당한 공직자들이 이러한 내란 몰이 공작에 의해 지금 고초를 겪고 있는 것을 보고 있으면 가슴이 찢어지는 거 같습니다. 이분들이 대통령의 장기 독재를 위해 일을 했겠습니까? 대한민국의 현실에서 이러한 장기 독재를 상상도 할 수 없다는 사실을 잘 아는 사람들이고, 이미 자기 분야에서 최고의 위치에 올라 더 바랄 것도 없는 분들입니다. 이분들은 대통령의 법적 권한 행사에 따라 맡은 바 직무를 수행한 것뿐입니다.

헌법재판관 여러분,

그리고 국민 여러분, 대통령의 자리에서 많은 정보를 가지고 국정을 살피다 보면 남들에게는 보이지 않는 것들, 겉으로는 잘 드러나지 않는 문제점들이 많이 보이게 됩니다. 당장은 괜찮아 보여도 얼마 뒤면 큰 위기로 닥칠 일들이 대통령의 시야에는 바로 들어옵니다.

서서히 끓는 솥 안의 개구리처럼 눈앞의 현실을 깨닫지 못한 채, 벼랑 끝으로 가고 있는 이 나라의 현실이 보였습니다.

언제 위기가 아닌 때가 있었냐고 생각하는 분도 있을 겁니다. 하지만 그동안의 위기가 돌발 현안 수준의 위기였다면, 지금은 국가 존립의 위기, 총체적 시스템의 위기라는 점에서 그 차원이 완전히 다릅니다.

미국 트럼프 대통령은 취임 첫날 국가비상사태를 선포하고 군을 투입했습니다. 미국이 국가비상사태인가에 대한 판단은 다를 수 있습니다. 하지만 불법 체류자와 마약 카르텔 등 당면한 위기에 맞서 국민들을 지키기 위한 대통령의 결단임은 분명해 보입니다.

그렇다면 지금 우리나라의 현실은 어떻습니까? 국가비상사태가 아니라고 단언할 수 있습니까?

북한을 비롯한 외부의 주권 침탈 세력들과 우리 사회 내부의 반국가세력이 연계하여, 국가안보와 계속성을 심각하게 위협하고 있습니다. 이들은 가짜뉴스, 여론조작, 선전·선동으로 우리 사회를 갈등과 혼란으로 몰아넣고 있습니다.

당장 2023년 적발된 민주노총 간첩단 사건만 봐도, 반국가세력의 실체를 쉽게 확인할 수 있습니다. 이들은 북한 공작원과 접선하여 직접 지령을 받고, 군사시설 정보 등을 북한에 넘겼습니다.

북한의 지령에 따라 총파업을 하고, 미국 바이든 대통령 방한 반대, 한미 연합 훈련 반대, 이태원 참사 반정부 시위 활동 등을 펼쳤습니다. 심지어 북한의 지시에 따라 선거에 개입한 정황도 드러났습니다.

지난 대선 직후에는 "대통령 탄핵의 불씨를 지피라"면서 구체적인 행동 지령까지 내려왔습니다. 실제로 대통령 당선인이 취임하기도 전인 2022년 3월 26일 윤석열 선제 탄핵 집회가 열렸고, 2024년 12월 초까지 무려 178회의 대통령 퇴진 탄핵 집회가 열렸습니다. 이 집회에는 민노총 산하 건설노조, 언론노조 등이 참여했고, 거대 야당 의원들도 발언대에 올랐습니다. 결국 북한의 지령대로 된 것 아닙니까?

요즘 세상에 간첩이 어디 있냐고 말하는 사람들도 있습니다. 하지만 간첩은 없어진 것이 아니라 대한민국의 자유민주주의를 무너뜨리는 체제전복 활동으로 더욱 진화한 것입니다.

그런데 이러한 간첩 활동을 막는 우리 사회의 방어막은 오히려 약해지고 곳곳에 구멍이 난 상태입니다. 지난 민주당 정권의 입법 강행으로 2024년 1월부터 국정원의 대공 수사권이 박탈되고 말았습니다.

　간첩단 사건은 노하우를 가진 기관에서 장기간 치밀하게 내사 수사를 해야 합니다. 그런데 제대로 준비할 시간도 없이 전문성과 경험이 부족한 경찰에 대공 수사권이 넘어가 버렸습니다. 간첩이 활개 치는 환경을 만든 것입니다.

사법 시스템의 문제

　게다가 애써 잡아도 재판이 장기간 방치되는 상황까지 발생하고 있습니다. 현재 재판이 진행 중인 간첩 사건이 민노총 간첩단, 창원 간첩단, 청주 간첩단, 제주 간첩단 등 4건이나 됩니다. 그런데 청주 간첩단 사건은 1심 판결까지 29개월이 넘게 걸렸고, 민노총 간첩단 사건도 1심 판결에 1년 6개월이 걸렸습니다. 이들은 구속 기간 만료 후 석방되어 1심 판결로 법정구속이 될 때까지 버젓이 거리를 활보하고 다녔습니다. 현재 창원 간첩단 사건은 2년 가까이 재판이 중단되어 있고, 제주 간첩단 사건도 1년 10개월째 재판이 파행 중입니다. 이들도 모두 석방된 상태입니다. 간첩을 잡지도 못하고, 잡아도 제대로 처벌도 못 하는데, 이런 상황이 과연 정상입니까?

　그런데도 거대 야당은 민노총을 옹호하기 바쁘고, 국정원 대공 수사권 박탈에 이어 국가보안법 폐지까지 주장하고 있습니다.

　경찰의 대공 수사에 쓰이는 특활비마저 전액 삭감해서 0원으로 만들었습니다. 한마디로 간첩을 잡지 말라는 것입니다.

작년에는 중국인들이 드론을 띄워 우리 군사기지 국정원, 국제공항과 국내 미군 군사시설을 촬영하다 연이어 적발됐습니다. 이들을 간첩죄로 처벌하기 위해서는 법률을 개정해야 하는데 거대 야당이 완강히 거부하고 있습니다.

국가 핵심 기술을 유출하는 산업 스파이도 최근 급증하고 있습니다. 반도체, 디스플레이 등 기술 유출 피해가 수십조 원에 달하는데 그 3분의 2가 중국으로 유출됩니다.

중국은 사진 한 장만 잘못 찍어도 우리 국민을 마음대로 구금하는 강력한 반간첩법을 시행하고 있는데 거대 야당은 산업 스파이를 막기 위한 간첩죄 법률 개정조차 가로막고 있습니다.

또한 거대 야당은, 방산 물자를 수출할 때 국회 동의를 받도록 하는 방위사업법 개정안을 당론으로 추진하고 있습니다. 방산 비밀 자료를 국회에 제출해야 하고, 거대 야당이 반대하면 방산 물자 수출도 할 수 없게 됩니다.

국회에 제출된 방산 비밀 자료들이 제대로 보안 유지가 되며 적대 세력에 넘어가지 않는다고 누가 보장할 수 있습니까? 방산 기밀 자료가 이렇게 유출되면 상대국에서 우리 방산 물자를 수입하겠습니까? 북한, 중국, 러시아가 원치 않는 자유세계에 방산 수출을 하지 말라는 말과 같습니다. 방산 수출은 단순히 돈을 버는 것만이 아닙니다. 수출 상대국과 전략적 연대를 강화하고, 더 나아가 자유세계 많은 국가들과 국방 협력을 이뤄서 우리의 안보를 튼튼하게 하는 것입니다.

이러한 방산 수출을 권장하기는커녕 방해하는 것이 누구에게 도움이 되는 것입니까?

거대 야당은 우리 국방력을 약화시키고 군을 무력화하는 데도 앞장서고 있습니다.

여러분이 아시는 바와 같이 북한은 우크라이나에 병력을 파병하여 러시아와 군사 밀착을 시도하고 있습니다. 우리에게 매우 심각한 안보 위협입니다. 그런데도 이를 살피기 위해 참관단을 보내려 하자 거대 야당은 당시 신원식 국방장관 탄핵까지 겁박하며 결사적으로 이를 막았습니다.

심지어 거대 야당은 우크라이나 참관단 파견, 대북 확성기와 오물 풍선 대응 검토 등 우리 군의 정당한 안보 활동까지 외환죄라고 주장하고 있습니다.

거대 야당의 정치적 편향

거대 야당은 국가와 국민의 안전을 지키려는 대통령을 전쟁광이라고 비난하고, 북핵 위협에 대응하는 한미일 합동 훈련을 극단적 친일 행위라고 매도했습니다.

1차 대통령 탄핵소추안에는, 북한·중국·러시아를 적대시한 것이 탄핵 사유라고 명기했습니다. 190석에 달하는 무소불위의 거대 야당이 우리나라와 우리 국민 편이 아니라, 북한, 중국 러시아의 편에 서 있는 것입니다. 이러한 상황이 국가 위기 상황이 아니면 뭐란 말입니까?

이뿐이 아닙니다. 거대 야당은 핵심 국방 예산을 삭감하여 우리 군을 무력화하려 하고 있습니다. 거대 야당은 전체 예산 가운데 겨우 0.65%를 깎았을 뿐이라고 주장합니다.

그러나 그 0.65%가 어디냐가 중요한 것입니다. 마치 사람의 두 눈을 빼놓고, 몸 전체에서 겨우 눈알 두 개 뺐다고 말하는 것과 같은 이야기입니다.

거대 야당이 삭감한 국방 예산은 우리 군의 눈알과 같은 예산입니다. 북한 핵과 미사일 기지를 선제 타격하는 킬 체인의 핵심인 정찰 자산 예산을 대폭 삭감했습니다. 핵심 전력인 지휘정찰 사업 예산을 2024년 대비 4,852억 원 감액했고, 전술 데이터링크 시스템 성능 개량 사업은 무려 78%를 삭감했습니다.

우리 국민을 향해 날아오는 미사일을 요격하는 KAMD, 즉 한국형 미사일 방어체계 구축도 예산삭감으로 개발이 중단될 위기입니다. 장거리 함대공 유도탄 사업을 위해 예산 119억 5,900만 원을 책정했지만 96%를 삭감하고 5억 원만 남겼습니다. 정밀유도포탄 연구 개발 사업은 84%를 삭감했습니다.

아무리 주먹이 세도 앞이 보이지 않으면 싸울 수 없듯이 감시 정찰 자산이 없으면 아무리 좋은 무기도 무용지물입니다. 게다가, 최근 북한의 드론 공격이 가장 큰 위협으로 대두되고 있습니다. 드론 방어 예산 100억 원 가운데 무려 99억 5,400만 원을 깎아서 사업을 아예 중단시켰습니다.

도대체 누구의 지시를 받아서 이렇게 핵심 예산만 딱딱 골라 삭감했는지 저도 궁금할 지경입니다.

게다가 지난 민주당 정권은 국군 방첩사령부의 수사 요원을 2분의 1가량 대폭 감축하여 군과 방산에 대한 정보 활동과 방첩 활동에 심각한 타격을 주었습니다. 또 과거 간첩 사건과 연루된 인물을 국정원의 주요 핵심 간부로 발령을 내어서 국정원이 방첩 기관인지 정보 유출 기관인지 모를 조직으로 방치하기도 했습니다. 지난 정부 시절 이런 일을 주도한 인물들이 여전히 거대 야당의 핵심 세력으로서 우리의 안보를 흔들고 있습니다.

국가 위기 판단과 책임

우리 정부 들어 국정원이 국가안보의 중추 기관으로 거듭날 수 있도록 노력하였고, 국군 방첩사의 역량 보강을 위해 힘썼습니다만 아직 문제의 뿌리를 제대로 다 들어내지 못했습니다.

부수고 깨뜨리기는 쉬워도 세우고 만들기는 어렵고 시간이 많이 걸리기 때문입니다. 이런 상황이 겉으로는 멀쩡한 것처럼 보이지만 실질적으로는 전시 사변에 못지않은 국가 위기 상황이라고 저는 판단하고 있습니다.

거대 야당은 야당에 대한 대통령의 인식을 탓하기 전에 공당으로서 국가에 대한 책임 있는 자세와 신뢰를 보여주는 게 우선이라고 저는 생각합니다.

저는 자유민주주의 헌법 원칙, 국가안보, 핵심 국익 수호만 함께 한다면 어떤 정치세력과도 기꺼이 대화하고 타협할 자세가 되어 있는 사람입니다. 나라와 국민을 위한 길에 좌파, 우파가 어디 있습니까?

하지만 자유를 부정하는 공산주의, 공산당 일당 독재, 유물론에 입각한 전체주의가 다양한 속임수로 우리 대한민국에 스며드는 것은 막아야 합니다. 이런 세력과 타협하고 흥정해서는 안 된다고 생각합니다.

우리가 가치를 공유하지 않는 나라와 교역도 할 수 있고 국제협력, 상호이익을 추구할 수도 있습니다. 하지만 우리 정치 체제에 영향을 미치고 스며드는 것은 막아야 합니다. 그것이 국방 안보만큼 중요한 정치 안보입니다. 바로 우리의 자유민주주의를 지키는 길입니다.

자유민주주의 국가의 공당이라면 이런 세력을 옹호하고 이런 세력과 손잡는 일은 절대 해서는 안 되는 것입니다.

거대 야당의 헌정질서 파괴

헌법재판관 여러분, 그리고 국민 여러분,

거대 야당은 제가 취임하기도 전부터 대통령 선제 탄핵을 주장했고, 줄탄핵, 입법 폭주, 예산 폭거로 정부의 기능을 마비시켜 왔습니다.

거대 야당은 이러한 폭주까지도 국회의 정당한 권한 행사라고 강변합니다. 그러나 국회의 헌법적 권한은 국민을 위해 쓰라고 부여된 것입니다.

자신들의 정치적 목적을 위해 정부 기능을 마비시키는 데 그 권한을 악용한다면 이는 헌정질서를 붕괴시키는 국헌 문란에 다름 아닙니다.

또한 거대 야당은 제가 비상계엄으로, 국회의 권능을 마비시키려 했다며 내란 몰이를 계속하고 있습니다. 하지만 거대 야당은 제가 대통령에 취임한 후 지금까지 지속적으로 끈질기게 정부의 권능을 마비시켜 왔습니다. 마치 정부를 마비시키는 것이 유일한 목표인 것처럼 국회의 권한을 마구마구 휘둘러 왔습니다.

국회의원과 직원들의 출입도 막지 않았고 국회 의결도 전혀 방해하지 않은 2시간 반짜리 비상계엄과 거대 야당이 정부 출범 이후 2년 반 동안 줄탄핵, 입법 예산 폭거로 정부를 마비시켜 온 것 중 과연 어느 쪽이 상대의 권능을 마비시키고 침해한 것입니까?

선동 탄핵, 방탄 탄핵, 이적 탄핵

거대 야당은 국무위원은 물론이고, 방통위원장, 검사, 감사원장에 이르기까지 탄핵하고, 탄핵하고, 또 탄핵했습니다. 탄핵 사유가 되는지 여부는 전혀 중요하지 않았습니다. 심지어 거대 야당 대표를 노려봤다고 장관을 탄핵하기도 했습니다.

일단 탄핵해서 직무를 정지시켜 놓고, 정작 헌재 탄핵 심판에서는 탄핵 사유를 마음대로 변경하는 황당한 일도 반복해 왔습니다.

얼마 전 중앙지검장 등 검사들에 대한 탄핵 심판을 재판관 여러분께서 직접 진행하시지 않았습니까? 기자회견장에서 거짓말을 했다는데 실제로는 그 기자회견에 나오지도 않았고, 국정감사에서 허위 증언을 했다는데 정작 국정감사에 출석하지도 않았습니다.

기본적인 탄핵 사유조차 틀렸는데도 일단 직무부터 정지시키고 보는 것입니다. 이것이 과연 정상적인 일입니까?

이러한 거대 야당의 공직자 줄탄핵은 정부의 기능을 마비시키는 차원을 넘어 헌정질서 붕괴로 치닫고 있습니다.

이태원 참사가 발생하자 거대 야당은 연일 진상규명을 외치면서 참사를 정쟁에 이용했습니다. 급기야 행정안전부 장관을 탄핵했습니다.

당시 북한이 민노총 간첩단에게 보낸 지령문에 이런 내용이 있습니다. '이번 특대형 참사를 계기로 사회 내부에 세월호 참사 진상규명 투쟁과 같은 정세 국면을 조성하는 데 중점을 두고 각계각층의 분노를 최대한 분출시켜라' 거대 야당이 북한 지령을 받은 간첩단과 사실상 똑같은 일을 벌인 것입니다. 이것이야말로 사회의 갈등과 혼란을 키우는 선동 탄핵이라 할 것입니다.

거대 야당은 자신들의 당 대표를 수사하는 검사들도 줄줄이 탄핵하고, 서울중앙지검장까지 탄핵했습니다. 검사 탄핵은 그 자체로도 수사 방해지만 검사 탄핵을 지켜보는 판사들에 대한 겁박이 되기 마련입니다. 야당 대표에 대한 검찰수사를 막고, 야당 대표의 범죄를 심판할 판사들까지 압박하기 위한 방탄 탄핵인 것입니다.

급기야 거대 야당은 지난 정부의 이적행위를 감사하던 감사원장까지 탄핵했습니다. 거대 야당은 감사원장 탄핵소추안에 '사드 정식 배치 고의 지연 의혹' 감사를 탄핵 사유로 포함시켰습니다. 이 사건은 지난 민주당 정부의 안보 진용 고위직 인사 4명이 주한 중국대사관 무관에게 사드 배치 작전명 작전 일시 작전 내용 등 국가 기밀 정보를 넘겨준 간첩 사건입니다.

감사원이 이를 적발하고 검찰에 수사를 의뢰하는 등 감사 조치를 진행하였는데 이것이 감사원장에 대한 탄핵 사유라는 것입니다. 자신들의 간첩행위를 무마하기 위한 이적 탄핵이 아닐 수 없습니다.

헌법기관인 감사원장에 대한 무차별 탄핵은 그 자체로도 심각한 헌법 파괴 행위지만, 이적행위까지 탄핵으로 덮는 것을 보며 이야말로 자유민주주의를 무너뜨리는 망국적 위기 상황이라고 판단한 것입니다.

또 한편 정부 각 부처는 국민의 세금으로 엄청난 규모의 예산을 사용 집행하고 있습니다. 수많은 산하 기관도 거느리고 있습니다. 그런데 이런 부처의 수장들을 탄핵소추로 직무 정지시켜 그 부처의 기능을 마비시키거나 심각하게 저해한다면, 기회비용과 재정적인 측면에서도 국가와 국민에 얼마나 막대한 피해와 손해를 입히는 것이 되겠습니까?

거대 야당은 공직자를 무차별 탄핵소추하고 소추인단 변호사 비용도 국민 세금으로 사용하고 있지만, 억울하게 탄핵 소추된 공직자들은 직무가 정지된 상황에서 자기 개인 자금으로 변호사 비용까지 조달해야 합니다.

정부 공직자들은 거대 야당의 이러한 폭거에 한없이 위축될 수밖에 없습니다.

이처럼 거대 야당은 '선동 탄핵', '방탄 탄핵', '이적 탄핵'으로 대한민국을 무너뜨리고 있습니다.

대통령 직선제와 민주적 정당성

우리나라 선거 가운데 대통령선거가 기간도 가장 길고 국민적 관심도 가장 큽니다. 그만큼 직선 대통령의 민주적 정당성은 다른 선출직 공직자에 비해 그 무게가 다릅니다. 과거 우리나라 민주화 운동은 한마디로 대통령 직선제 확보였다고 해도 과언이 아닙니다.

그런데 거대 야당은 대선이 끝나자마자 동조 세력과 연대하여, 아직 취임도 하지 않은 대통령 당선인을 상대로 선제 탄핵, 퇴진 운동을 벌이기 시작했고, 지난 2년 반 동안 오로지 대통령 끌어내리기를 목표로 정부 공직자 줄탄핵, 그리고 입법과 예산 폭거를 계속해 왔습니다. 헌법이 정한 정당한 견제와 균형이 아니라 민주적 정당성의 상징인 직선 대통령 끌어내리기 공작을 쉼 없이 해 온 것입니다.

이것이 국헌문란이 아니면 도대체 어떤 것이 국헌문란 행위이겠습니까?

뿐만 아니라 거대 야당의 이런 지속적인 국헌문란 행위는 국가 정체성과 대외관계에 있어서 자유민주주의 헌법정신과 동떨어진 인식에 기반하고 있습니다. 따라서 직선 대통령을 끌어내리기 위한 줄탄핵, 입법 예산 폭거는 어느 면으로 보나 자유민주주의 헌정 질서를 파괴를 목표로 하고 있다고 하겠습니다.

제왕적 거대 야당

흔히들 대통령 중심제 권력구조를 가지고 제왕적 대통령제라고 합니다. 그러나 지금 우리나라는 제왕적 대통령이 아니라 제왕적 거대 야당의 시대입니다. 그리고 제왕적 거대 야당의 폭주가 그 독재가 대한민국 존립의 위기를 불러오고 있습니다. 계엄 이후 벌어진 일들만 보아도 잘 알 수 있지 않습니까?

제가 정말 제왕적 대통령이라면 공수처, 경찰, 검찰이 앞다퉈서 저를 수사하겠다고 나서고, 내란죄 수사권도 없는 공수처가 영장 쇼핑, 공문서위조까지 해가면서 저를 체포할 수 있었겠습니까?

비상계엄에 투입된 군 병력이 총 570명에 불과한데, 불법적으로 대통령 한 사람 체포하겠다고 대통령 관저에 34,000명이 넘는 경찰력을 동원했습니다. 대통령과 거대 야당 가운데 어느 쪽이 제왕적 권력을 휘두르며 헌정질서를 무너뜨리고 있습니까? 제가 비상계엄을 결단한 이유는 이 나라의 절체절명의 위기를 더 이상 방치할 수 없다는 절박함, 그것이었습니다.

저는 주권자인 국민들께 이러한 거대 야당의 반국가적 패악을 알리고, 국민들께서 매서운 감시와 비판으로 이를 제발 멈춰 달라고 호소하고자 했습니다.

국정 마비와 자유민주주의 헌정질서 붕괴를 막고 국가 기능을 정상화하기 위해 절박한 심정으로 비상계엄을 선포한 것입니다.

12·3 비상계엄선포는 국가가 위기 상황과 비상사태에 처해 있음을 선언한 것입니다.

국민을 억압하고 기본권을 제한하려는 것이 아니라 주권자인 국민께서 비상사태의 극복에 직접 나서 주십사하는 간절한 호소였습니다.

그런데 거대 야당은 제가 국회의 요구에 따라 계엄을 해제한 그날부터 탄핵 시동을 걸었습니다. 하지만 비상계엄은 범죄가 아니고, 국가 위기를 극복하기 위한 대통령의 합법적 권한 행사입니다.

저는 긴급 국무회의를 거쳐 방송을 통해 비상계엄을 선포했고, 질서 유지를 위해 국회에 최소한의 병력을 투입했으며, 국회가 해제 요구 결의를 하자 즉각 병력을 철수하고 국무회의를 소집해서 계엄을 해제했습니다.

중앙선관위 전산시스템 보안 문제

다 알고 계시다시피 2023년 중앙선관위를 포함한 국가기관들이 북한에 의해 심각한 해킹을 당했습니다.

중앙선관위는 이 같은 사실을 국정원으로부터 통보받고도 다른 국가기관과 달리 점검에 제대로 응하지 않았고, 울며 겨자 먹기로 응한 일부 점검 결과, 심각한 보안 문제가 드러났기 때문에 중앙선관위 전산시스템 스크린 차원에서 소규모 병력을 보낸 것입니다.

선거의 공정과 직결되는 중앙선관위의 전산시스템 보안 문제는 우리 자유민주주의 체제의 핵심 공공재이자 공공 자산을 지키는 일입니다. 더구나 그동안의 선거소송에서 드러난 다량의 가짜 부정 투표용지, 그리고 투표 결과가 도저히 납득하기 어렵다는 통계학과 수리과학적 논거 등에 비추어, 중앙선관위의 전산시스템에 대한 투명한 점검 필요성이 꾸준히 제기되어 왔습니다.

이런 조치들의 어떤 부분이 내란이고 범죄라는 것인지 도대체 이해할 수가 없습니다. 비상계엄이라는 것 자체가 불법이라면 계엄법은 왜 있으며, 합동참모본부에 계엄과는 왜 존재하겠습니까?

정치에 뛰어들 때의 초심

헌법재판관 여러분, 그리고 국민 여러분,

저는 2021년 6월 29일 처음으로 정치 참여를 선언했습니다. 대통령이라는 자리가 영광의 길이 아니라 형극의 길이라는 사실은 이미 잘 알고 있었습니다. 대통령직을 아주 가까이에서 지켜보신 어떤 분은 우리나라 대통령직은 저주의 길이라면서 만류하시기도 했습니다.

그러나 자유민주주의라는 헌정질서가 무너지고 있는 상황에서 나라를 지키고 싶어 정치를 시작했습니다. 그때 정치 참여를 선언하면서 국민께 드린 약속이 있습니다. 우리의 미래를 짊어질 청년들, 국가를 위해 희생하신 분들, 산업화에 일생을 바친 분들, 민주화에 헌신하고도 묵묵히 생업에 종사하며 살아가는 분들, 성실하게 세금을 내는 분들, 이런 국민들이 분노하지 않는 나라를 만들겠다는 약속이었습니다.

그리고 청년들이 마음껏 뛰는 역동적인 나라, 자유와 창의가 넘치는 혁신의 나라, 약자가 기죽지 않는 따뜻한 나라, 국제사회와 가치를 공유하고 책임을 다하는 나라를 만들겠다고 국민께 약속을 드렸습니다.

거대 의석과 이권 카르텔이 나라의 주인 노릇을 하는 데 맞서, 빼앗긴 주권을 되찾아 드리겠다고 국민 앞에서 다짐을 했습니다. 그날 이후 지금까지 단 한 순간도 이 약속을 잊은 적이 없습니다.

국민의 선택을 받아 대통령이 된 후, 이 약속을 지키기 위해 쉼 없이 노력하고 또 노력했습니다.

임기 중 노력과 성과

무엇 하나 쉬운 일이 없었습니다. 글로벌 복합위기로 인한 대외

환경의 어려움이 계속됐습니다. 지난 민주당 정부의 잘못된 소주성 정책과 부동산 정책은 우리 경제와 민생의 문제를 풀어가는 데 계속 발목을 잡았습니다. 하지만 어떤 문제라도 노력하면 풀어낼 수 있다고 믿었고, 실제로 우리 기업, 우리 국민과 함께 뛰면서 하나하나 문제를 해결할 수 있었습니다. 기쁘고 보람 있는 일도 많았고, 부족하고 아쉬운 일도 있었습니다. 무엇보다 국가안보와 국민 안전을 지키는 제복 입은 공직자에 대한 처우 개선 추진이 보람된 일이었습니다.

지난 민주당 정권은 반일 선동에만 열을 올렸지만, 우리 정부에서는 1인당 GDP가 일본을 앞질렀고, 우리 인구의 두 배 반이 넘는 경제 강국 일본과 수출액 차이가 이제 불과 수십억 불 규모로 좁혀졌습니다. 20년 전에 비해 100분의 1, 지난 민주당 정부에 비해 수십 분의 1로 줄어든 것입니다.

또, 작년에 서른 번이나 열었던 전국 순회 민생토론회 기억이 많이 납니다. 국민의 어려움을 직접 듣고 많은 일을 현장에서 해결해 드리면서 국민과 같이 웃기도 했고 같이 울기도 했습니다.
수도권, 영남, 호남, 충청, 강원, 제주까지 전국 모든 지역을 다니면서 지역 발전 방안을 함께 고민했습니다.
우리 국민들께서 전국 어디에 사시든 공정한 기회를 누리며 행복하게 살 수 있도록 만들어서 진정한 국민통합을 이루고 싶었습니다. 다시 그렇게 일할 기회가 있을까, 마음이 아립니다.

1박 4일의 살인적 일정으로 미국에 가서 한미일 캠프데이비드 선언을 발표했을 때는 정말 보람이 컸고, 마음이 정말 든든했습니다.

  방산 수출의 물꼬를 트고, 팀 코리아가 체코 원전 건설사업의 우선 협상 대상자로 선정됐을 때는 어린아이같이 기뻤습니다.

  아쉬웠던 순간도 떠오릅니다. 기업과 국민들에게 꼭 필요한 법안들은 하염없이 뒤로 미뤄 놓고, 거부권을 행사할 수밖에 없는 위헌적 법안, 핵심 국익에 반하는 법안들이 야당 단독으로 국회에서 일사천리 통과될 때는 답답했습니다. 국방, 치안, 민생을 위해 꼭 필요한 아킬레스건 예산들이 삭감됐을 때는 막막한 심정이 들었습니다.

  지금 저는 잠시 멈춰 서 있지만, 많은 국민들, 특히 우리 청년들이 지금 대한민국이 처한 상황을 직시하고 스스로 주권을 되찾고 나라를 지키기 위해 나서고 있습니다.

  비상계엄의 목적이 망국적 위기 상황을 알리고 헌법제정권력인 주권자들께서 나서주시기를 호소하는 것이었는데, 이것만으로도 비상계엄의 목적이 상당 부분 이루어졌다고 생각이 듭니다.

  저의 진심을 이해해 주시는 우리 국민, 우리 청년들에게 진심으로 감사의 말씀을 드리고 싶습니다.

  제가 직무에 복귀하게 되면, 나중에 또다시 계엄을 선포할 것이라는 터무니없는 이야기도 있습니다. 계엄의 형식을 빌린 대국민 호소로 이미 많은 국민과 청년들께서 나라 상황을 직시하고 나라 지키기에 나서고 계신데, 그런 일을 또 할 이유가 있습니까? 결코 그런 일은 없을 것입니다.

심판 쟁점에 대한 설명 — 국회의원 체포 주장 등

헌법재판관 여러분, 그동안 심판정에서 다뤄진 쟁점들 가운데 두 가지에 대해서만 간략하게 말씀드리겠습니다. 세세한 사실관계를 언급하기보다 상식의 선에서 간단히 말씀드리겠습니다. 우선, 제가 국회의원을 체포하거나 본회의장에서 끌어내라고 했다는 것입니다. 정말 터무니없는 이야기입니다. 상식적으로 이렇게 해서 도대체 뭘 어떻게 하겠습니까?

의원들을 체포하고 끌어내서 계엄 해제를 늦추거나 막는다 한들, 방송으로 온 국민과 전 세계가 지켜보고 있는데 그다음에 뭘 어떻게 하겠습니까? 계엄 당일 국회의장의 발언대로 국회는 어디서든 본회의를 열어 계엄 해제를 의결할 수도 있습니다.

영화나 소설에는 나오기도 하지만, 현실적으로 이런 일을 하려면 군으로 국가를 완전히 장악하는 계획과 정치 프로그램을 미리 가지고 있어야 합니다.

그런데 실제 상황이 어땠습니까? 계엄 사무를 담당할 주요 지휘관들이 계엄 직전에 어디에 있었는지 이 심판정에서 다 드러났습니다. 장관 재가를 받아 지방 휴가를 가거나, 부부 동반 만찬, 간부 만찬 회식을 하다가 대통령의 계엄선포 직후에야 국방부 장관으로부터 업무 지시를 받았습니다.

준비된 치밀한 작전 계획이나 지침이 없었기 때문에 혼선과 허술함도 있었습니다. 국방부 장관이나 지휘관들이나 경험이 풍부한 군사 전문가들인데 왜 이랬겠습니까? 12·3 계엄선포는 계엄 형식을 빌린 대국민 호소이고, 과거 계엄과는 다른 것이었기 때문입니다.

이미 민주주의를 수십 년 경험하고 몸에 밴 우리 50만 군이, 임기 5년 단임 대통령의 사병 노릇을 할 리가 있습니까?

제가 비상계엄을 선포한 이유는 오로지 주권자인 국민들에게 국회의 망국적 독재로 나라가 위기에 빠졌으니, 이를 인식하시고 감시와 비판의 견제를 직접 해달라는 것이었습니다.

공화국의 대의제 위기에 헌법제정권력인 주권자가 직접 나서달라는 호소였습니다. 의원을 체포하거나 끌어내라고 했다는 주장은, 국회에 280명의 질서 유지 병력만 계획한 상태에서, 전혀 앞뒤가 맞지 않는 이야기입니다.

국회가 비어 있는 주말도 아니고, 회기 중인 평일에 이런 병력으로 정말 말이 안 되는 이야기입니다. 의원만 300명이고 직원들과 보좌진을 합치면 몇천 명이 넘습니다. TV 생중계를 보더라도, 계엄선포 후 얼마 지나지 않아 이미 국회 마당과 본관에는 수천 명의 국회 관계자와 민간인들이 들어왔습니다. 실제로 계엄선포 후 1시간 30분이 지나서야 질서 유지 병력이 도착하였고, 국회 경내에 진입한 병력이 106명, 본관에 들어간 병력이 겨우 15명인데, 이렇게 극소수 병력을 가지고 국회의원을 체포하고 끌어낸다는 것이 말이 되겠습니까?

게다가 "의결정족수가 차지 않았으니 본회의장에 들어가서 의원들을 끌어내라"고 했다는데, 의결정족수가 차지 않았으면 더 못 들어가게 막아야지 끌어낸다는 것도 상식에 맞지 않는 이야기입니다. 본관에 진입한 군인들은 본회의장이 어디에 있는지도 몰랐다고 합니다.

무엇 하나 말이 되지 않습니다. 단 한 사람도 끌려 나오거나 체포된 일이 없었으며, 군인이 민간인들에게 폭행당한 일은 있어도 민간인을 폭행하거나 위해를 가한 일은 단 한 건도 없었습니다. 실제로 일어나지도 않았고 일어날 수도 없는 불가능한 일에 대해 이런 주장을 하는 것은 지난번에도 말씀드렸지만 그야말로 호수 위에 비친 달빛을 건져내려는 것과 같은 허황된 것입니다.

거대 야당은 대통령의 헌법상 권한에 기해서 선포된 계엄을 불법 내란으로 둔갑시켜 탄핵소추를 성공시켰습니다. 그리고는 헌재 심판에서는 탄핵 사유에서 내란을 삭제하였습니다.

그야말로 초유의 사기 탄핵이 아닐 수 없습니다. 내란이냐 아니냐는 긴 시간의 복잡한 심리를 통해 가려지는 것이 아닙니다.

내란이냐 아니냐는 판례에서 보듯이 실제 일어난 일과 진행된 과정에서 드러난 결과로 누가 봐도 쉽게 바로 알 수 있어야 내란이라고 할 수 있는 것입니다. 거대 야당과 소추단이 헌재 심판 대상에서 내란을 삭제한 이유는 심판의 심리 시간을 단축시키려는 것이 아니라 내란의 실체가 없기 때문입니다.

더구나 12·3 계엄은 발령부터 해제까지 역사상 가장 빨리 종결된 계엄입니다. 그러다 보니 계엄사령부 조직도 구성되지 못했고, 예하 수사본부 조직도 전혀 만들어지지 못한 채, 그냥 계엄이 종료됐습니다.

심판 쟁점에 관한 설명 비상계엄 국무회의 해명

비상계엄 국무회의에 대해 간단히 말씀드리겠습니다. 계엄 당일 국무회의는 국무회의로 볼 수 없다는 주장이 있습니다.

그런데 국무회의를 할 것이 아니었다면, 도대체 12월 3일 밤에 국무위원들이 대통령실에 온 이유를 오히려 제가 묻고 싶습니다. 국무회의가 아니라 간담회 정도였다는 주장도 있습니다만, 그날 상황이 간담회 할 상황은 아닙니다. 간담회는 의사정족수도 없는데, 왜 국무회의 의사정족수가 찰 때까지 기다렸겠습니까?

당일 저녁 8시 30분부터 국무위원들이 차례로 오기 시작했고, 저는 국무위원들에게 비상계엄에 대해 설명하고 국방부 장관은 계엄의 개요가 기재된 비상계엄선포문을 나눠줬습니다.

국무위원들은 경제적, 외교적으로 어려움이 있을 수 있다고 우려했고, 저는 대통령으로서, 각 부처를 관장하는 국무위원들의 생각과 다른 생각을 가지고 있으며, 국가가 비상상황이고 비상한 조치가 필요함을 설명했습니다.

그리고 각 부처 장관의 우려 사항, 예를 들어 경제 부총리의 금융시장 혼란 우려와 외교부 장관의 우방국 관계 우려는 제가 걱정하지 말라고 했습니다.

국무위원들이 과거의 계엄을 연상하고 있는 상황에서 저는 그냥 걱정하지 말라고 했습니다.

의사정족수 충족 이후 국무회의 시간은 5분이었지만 그 이전에 이미 충분히 논의를 한 것입니다. 다음 날 새벽 계엄 해제 국무회의는 소요 시간이 단 1분이었습니다. 실제 정례, 주례 국무회의의 경우에도 모두와 마무리 발언 등을 하고 많은 안건을 다루기 때문에 1시간가량 걸리지만, 개별 안건의 심의 시간은 극히 짧습니다. 또한 비상계엄을 위한 국무회의를 정례, 주례 국무회의처럼 하기는 어렵습니다. 보안 유지가 중요하고, 그렇게 해야 혼란도 줄이고 질서 유지 병력도 최소화할 수 있기 때문입니다.

국무회의의 실질성

이상민 전 행안부 장관은 지난 심판정에서 "국무회의를 100여 차례 참석했지만, 이번 국무회의처럼 실질적으로 열띤 토론이나 의사 전달이 있었던 것은 처음"이라고 했습니다. 국무회의 배석을 위해 비서실장과 안보실장도 통상처럼 대통령실로 나오도록 했고, 국가안보의 문제이기도 해서 국정원장도 참석시켰습니다.

1993년 8월 13일 김영삼 대통령께서 긴급재정경제명령으로 금융실명제를 발표했을 당시에도, 국무위원들은 소집 직전까지 발표한다는 사실 자체를 몰랐고, 국무회의록도 사후에 작성됐습니다. 그때 상황은 이인제 당시 노동부 장관께서 이미 공개적으로 설명한 바 있습니다. 그러나 아무도 이를 두고 국무회의가 없었다고 하지 않았고, 당시 헌법재판소는 긴급 명령 발동을 모두 합헌이라고 결정했습니다.

그 밖의 여러 쟁점에 대해서는 변호인단의 변론으로 갈음하겠습니다.

대통령직 수행의 각오

재판관 여러분, 그리고 국민 여러분,

저는 언젠가 해야 하고 누군가 해야 하는 일이라면 지금 제가 하겠다는 마음으로 대통령직을 수행해 왔습니다. 그래서 임기 전반부 동안 역대 정부들이 표를 잃을까 봐 하지 못했던 교육, 노동, 연금의 3대 개혁을 중심으로 국정개혁 과제를 과감하게 추진했습니다.

30년 동안 지지부진했던 유보통합의 첫걸음을 떼었고, 늘봄학교와 융복합 고등교육, 그리고 지역 산업과의 연계 강화를 위한 과감한 권한 이전 등 교육 개혁의 기틀을 마련했습니다.

노사 법치의 틀을 새롭게 세우고 4차 산업혁명 시대에 적응하기 위한 노동 유연화와 노동 보호의 노동 개혁 물꼬도 텄습니다.

국가적 난제였던 연금 개혁도, 역대 정부 최초로 방대한 수리 분석과 심층 여론조사를 진행하였고, 수용성이 높은 방안을 만들어서 국회에 제출했습니다.

대통령 임기 초반에는 국민과 유권자에게 약속한 공약과 국정과제의 실천, 민생에 영향이 큰 사회 개혁의 추진이 우선이기 때문에, 이러한 스케줄에 맞춰 일해 온 것입니다. 어느 정권이나 임기 초기에는 선거 공약과 국정과제 이행이 우선이므로, 정치개혁에는 신경 쓸 여력이 없습니다.

그러다가 전직 대통령들의 5년 임기가 금방 다 지나갔고, 변화된 시대에 맞지 않는 87체제가 여전히 유지되고 있습니다.

정치가 국민을 불편하게 만들고 국가의 발전을 가로막고 있습니다. 또 국가의 미래를 결정하는 일에 미래의 주역인 청년들이 참여할 수 있도록 정치와 행정의 문턱을 더 낮춰야 합니다.

직무 복귀 시 계획

제가 대통령 직무에 복귀하게 된다면, 먼저 87체제를 우리 몸에 맞추고 미래세대에게 제대로 된 나라를 물려주기 위한 개헌과 정치개혁의 추진에 후반부를 집중하려고 합니다.

저는 이미 대통령직을 시작할 때부터, 임기 중반 이후에는 개헌과 선거제 등 정치개혁을 추진하겠다는 계획을 가지고 있었습니다. 현직 대통령의 희생과 결단 없이는 헌법개정과 정치개혁을 할 수 없습니다. 그래서 내가 이를 해내자고 생각했던 것입니다.

저는 여러 전직 대통령들이 후보 시절 공약하고도 이행하지 못한 청와대 국민 반환도 당선 직후 바로 추진하고 이행한 바 있습니다.

잔여 임기에 연연해하지 않고, 개헌과 정치개혁을 마지막 사명으로 생각하여, 87체제 개선에 최선을 다하고 싶습니다. 개헌과 정치개혁 과정에서 국민통합을 이루는 데도 노력을 다할 것입니다.

결국 국민통합은 헌법과 헌법 가치를 통해 이루어지는 만큼, 개헌과 정치개혁이 올바르게 추진되면 그 과정에서 갈라지고 분열된 국민들이 통합될 것이라고 믿습니다.

그렇게 되면 현행 헌법상 잔여 임기에 연연해할 이유가 없고, 오히려 제게는 크나큰 영광이라고 생각합니다.

그리고 국정 업무에 대해서는 급변하는 국제 정세와 글로벌 복합위기 상황을 감안하여, 대통령은 대외관계에 치중하고 국내 문제는 총리에게 권한을 대폭 넘길 생각입니다. 우리 경제는 다른 어느 나라보다 대외 의존도가 매우 높습니다.

특히 미국 트럼프 행정부 출범 이후 국제 질서의 급변과 글로벌 경제 안보의 불확실성에 크게 영향을 받을 수밖에 없습니다.

지금 우리가 국가 노선을 어떻게 선택하느냐에 따라, 이 위기가 기회가 될 수도 있고 돌이킬 수 없는 재앙을 맞을 수도 있습니다. 글로벌 중추 외교 기조로 역대 가장 강력한 한미동맹을 구축하고 한미일 협력을 이끌어낸 경험으로, 대외관계에서 국익을 지키는 일에 매진하고 싶습니다.

임기 전반에도 국민통합위원회를 통해 세대, 계층별 통합을 위해 노력해왔지만, 앞으로도 국민통합에 더욱 노력하겠습니다.

헌법재판관에 대한 감사와 요청

존경하는 헌법재판관 여러분,

먼저, 촉박한 일정의 탄핵 심판이었지만, 충실한 심리에 애써주신 헌법재판관님들께 깊이 감사드립니다.

이번 심리는, 내란 탄핵에서 내란 삭제를 주도한 소추단 측이 제시한 쟁점 위주로 이루어지게 됐습니다.

그러다 보니 제가 비상계엄을 선포한 이유와 그 불가피성에 대해서는 충분히 설명드릴 시간이 부족했다고 생각합니다. 서면으로 성실하게 관련 자료를 제출하였으니 대통령으로서 고뇌의 결단을 한 이유를 깊이 생각해주시기를 바랍니다.

또 많은 국가 기밀 정보를 다루는 대통령으로서 재판관님들께 모두 설명드릴 수 없는 부분에까지, 재판관님들의 지혜와 혜안이 미칠 것이라 믿습니다. 다시 한번 재판관님들의 노고에 감사드립니다.

국민에 대한 사과와 감사

사랑하는 대한민국 국민 여러분, 국가와 국민을 위한 계엄이었지만, 그 과정에서 소중한 국민 여러분께 혼란과 불편을 끼쳐드린 점, 진심으로 죄송스럽게 생각합니다.

저의 구속 과정에서 벌어진 일들로 어려운 상황에 처한 청년들도 있습니다. 옳고 그름에 앞서서 너무나 마음이 아프고 미안합니다. 정말 미안한 생각을 가지고 있습니다.

저는 대통령에 출마할 때, 나라를 위해 목숨을 바치겠다고 결심을 했습니다. 지난 12·3 계엄과 탄핵소추 이후 엄동설한에 저를 지키겠다며 거리로 나선 국민들을 보았습니다. 저를 비판하고 질책하는 국민들의 목소리도 들었습니다. 서로 다른 주장을 하고 있지만, 모두 대한민국을 사랑하는 마음이라고 생각합니다.

부족한 저를 지금까지 믿어주시고 응원을 보내주고 계신 국민 여러분께 진심으로 감사드립니다. 저의 잘못을 꾸짖는 국민의 질책도 가슴에 깊이 새기겠습니다.

그리고 이 모든 과정이 새로운 대한민국으로 도약하는 디딤돌이 될 수 있도록, 최선을 다하겠습니다.

감사합니다.

2025년 2월 25일

대통령 윤석열

먼저, 불법을 바로잡아준 중앙지법 재판부의
용기와 결단에 감사드립니다.

그동안 추운 날씨에도 불구하고
응원을 보내주신 많은 국민들,
그리고 우리 미래세대 여러분께
깊이 감사드립니다.

국민의힘 지도부를 비롯한
관계자 여러분께도 감사드립니다.

저의 구속에 항의하며 목숨을 끊으셨다는
안타까운 소식을 접하고 너무나 마음이 아팠습니다.
진심으로 명복을 빕니다.

또, 저의 구속과 관련하여 수감되어 있는 분들도 계십니다.
조속히 석방이 되기를 기도합니다.

대통령의 헌법상 권한에 따라
공직자로서 맡은 바 임무를 수행하다가
고초를 겪고 계신 분들도 있습니다.
조속한 석방과 건강을 기도하겠습니다.

단식투쟁을 하고 계신 분들도 계신데,
건강 상하시지 않을까 걱정입니다.
뜻을 충분히 알리신 만큼,
이제 멈춰주시면 좋겠습니다.

다시 한 번 국민 여러분께
고개 숙여 감사드립니다.

2025년 3월 8일
대한민국 대통령

KYOBO

구매자 go******|

그가 지향하는 옳음을 지지합니다.

구매자 HS*****|

윤석열 대통령의 대학 동기인 석동현 변호사님께서 쓰신 책.대통령님의 인간적인 면모, 불의를 참지 않는 모습, 불굴의 의지가 엿보이는 책임이다. 이번 계몽령 이후로 윤석열 대통령님의 팬이 되었습니다. 기쁜 마음으로 구입하여 읽었습니다.

구매자 BB**************

대통령님 정말 존경하고 감사드립니다.!!! 꼭 이기세요! 국민들이 응원하고 있습니다!

종이책 구매자 BA********

인간 윤석열에 대해 가장 가까우신 석동현 변호사님이 쓰신 책이라 더욱 좋습니다. 돌아오시길 간절히 바랍니다! 멸공

구매자 bi******

계엄을 통해 계몽시켜주셔서 감사합니다.

구매자 y**

대통령을 알고 싶었어요. 진정 이 나라를 생각하는 분이다 알게 되었습니다.

구매자 TK*****

윤석열 대통령님 응원합니다. '그래도 윤석열' 아자!

구매자 11*******

반국가 세력을 몰아내고 자유민주주의 대한민국을 지키려는 주권 대통령 윤석열 대통령의 길을 응원합니다.

구매자가*****

너무 좋습니다. 계몽령으로 계몽시켜주셔서 감사합니다!! 많이 사서 꼭 보시길 바랍니다.

구매자 YH**

계몽령으로 진실을 깨우쳐 주셔서 감사합니다. 함께 끝까지 지지하겠습니다.

검찰총장 시절부터 불의에 굴하지 않고 정의의 길을 지향하시던 윤 대통령님! 잠시 시련이 찾아왔지만, 많은 국민들이 깨어나고 있습니다! 계몽시켜주셔서 감사합니다. 책으로나마 대통령님에 대한 그리움을 잠시 달래며 기다리고 있겠습니다.

구매자 i*****

너무 보고 싶어서 주문하고 기다리고 있어요. 웃는 모습 너무 좋아요. 얼른 다시 만나길^^

구매자 sj****

윤 대통령님에 대해서 알 수 있어서 좋았습니다!

구매자 in*****

윤석열 대통령 복귀를 기원합니다.

구매자ju*******

도움돼요. 다섯번 읽었다.

구매자 hs******

구속취소 석방 기원합니다.

구매자 sj****

대통령님에 대해서 알 수 있어서 좋았습니다.

구매자 in*****

윤석열 대통령의 과거 일대기를 한 번에 볼 수 있어서 좋았습니다.

구매자 ja*******

윤석열의 친구가 쓴 책이며 지금은 그 친구를 변호하고 있기도 하다. 대학시절의 친구며 그 기간이 소래 포구라는 것은 정말 사람답다는 것을 알 수 있다. 이 책이 나온 지는 대선 직전에 나왔는데 이제서야 읽게 되었네요. 검사로 다시 들어온 사유도 참 재미있네요.

구매자 sk******

눈물만 뚝뚝.. 어서 복귀하여 반국가세력 척결해주세요

리모컨 독자(HYPERLINK)

반드시 읽어봐야 할 대한민국 가이드북!!

 알라딘

nykim 독자

존경하는 대통령님

저는 정치에 관심없던 30대 여자입니다. 계몽령으로 대한민국이 공산화 되고있는 모습을 보고 분노를 느꼈습니다. 민주당, 공수처, 선관위, 검찰, 헌재의 부정부폐에 진절머리가 나요. 얼마나 힘들게 혼자 싸워오신거에요?? ㅠㅠㅠㅠ 정말 국민을! 민주주의 대한민국을 생각해주셔서 감사합니다. 저의 목소리를 자유롭게 낼 수 있는 세상! 자유민주주의 대한민국 끝까지 지키겠습니다!!!

리모컨 독자(HYPERLINK)

반드시 읽어봐야 할 대한민국 가이드북

일반독자의 반응 1

하루빨리 대한민국 1호 영업사원으로 복귀하시기를

윤정미(원자력발전포럼 전국대표)

나는 지난 문재인인 정권에서 원전산업이 하루아침에 붕괴하는걸 지켜보며 절망하였다. 특히 탈원전운동이 극심하였던 우리나라 원전산업의 1번지인 부산의 고리 1호기가 폐로되는걸 안타깝게 지켜만 봐야 하였다.

이는 지역 경제 붕괴는 물론 이 나라의 미래먹거리인 원전산업이 퇴보되는 결과를 가져왔다.

다행스럽게도 윤석열 대통령이 취임하면서 이 나라 원전 산업을 복구하는 정책이 본격적으로 추진하게 되어 쌍수를 들어 환영하였다.

취임 후 지난 2년여간 해외원전 수출도 본격화되고 있는 시점에, 거대 야당은 원전 생태계 지원 예산을 삭감하고, 큰 기대를 하고 추진해왔던 체코 원전 수출 지원 예산을 무려 90%를 깎아 버렸다. 심지어 차세대 원전 개발 관련 예산은 거의 전액을 삭감하는 만행까지 저질렀다.

탈원전을 앞장서서 추진하던 독일은 지금 엄청난 경제적 후유증을 겪고 있는데, 저들에게는 마이동풍 격이다.

윤 대통령이 탄핵을 당한다면 이 나라 원전산업을 비롯, 반도체 산업 같은 미래 성장동력은 나락으로 떨어질 것이 분명하다.

『그래도 윤석열』책을 읽고 윤 대통령을 열렬 지지하였던 시민으로
반드시, 윤석열 대통령의 탄핵이 기각되어 직무에 복귀하게 되기
를 학수고대한다. 이 나라의 명운이 지금 윤석열 대통령님에게 달
려있다고 하여도 과언이 아닌 현실이다.

일반독자의 반응 2

윤 대통령의 살신성인, 위국헌신에 감사하며

일본의 한 재일교포 독자

우연한 기회에 『그래도 윤석열』 책을 읽고 윤석열 대통령을 좋아하게 되었다, 그러나 최근 윤 대통령이 탄핵을 당하는 과정을 줄곧 방송을 통해 지켜보았다. 그리고 긴박한 고국 현실을 크게 걱정하였다.

윤 대통령은 취임 후 과거의 자파 대통령들이 반일을 부추겨 한일 간은 그야말로 긴장과 갈등의 연속이였지만, 이를 바로잡아 나갔다. 윤 대통령은 강력한 리더십과 정치철학으로 한미일 3각 안보구도를 복원하고 연일 미사일을 쏘아 올리는 북한 독재 세습정권과 중국의 집요한 일대일로 정책에 당당하게 대처함에 쌍수를 들어 환영한 바 있다.

특히 이번 헌재에서의 윤 대통령의 최후 진술 가운데 얼마든지 대통령으로서 영달을 누리는 길을 선택해 가기보다는 "서서히 끓는 솥 안의 개구리처럼 눈앞의 현실을 깨닫지 못한 채, 벼랑 끝으로 가고 있는 이 나라의 현실이 보였습니다."라는 호소는 일본을 비롯한 전 세계에 거주하는 우리 디아스포라들에게도 큰 감동이 되었다.

마음 같아서는 나도 광화문광장에 나서서 태극기를 흔들고 싶었다. 윤 대통령을 지키기 위해 혹독한 추위에도 거리에서 노숙하는 애국시민들의 자발적인 저항운동, 특히 2030 젊은이들의 애국운동 모습에서 대한민국의 밝은 미래를 내다 볼 수가 있었다. 그렇다. 이번 윤 대통령의 12.3 비상계엄은 대통령으로서의 '강력한 리더십과 정치철학을 보여주었다. 그것은 바로 안중근 의사가 외친 또 하나의 '위국헌신(爲國獻身)'이었다.

윤 대통령이 살신성인의 각오를 몸소 보여준 이번 58일간의 구속과 석방 과정은 한 편의 감동적인 드라마였다. 750만 재외동포들에게 '조국이여 안심하라'는 밝은 희망의 메시지였고, 대한민국 대통령의 당당한 모습이었다.

나는 헌법재판소 재판관들의 솔로몬과 같은 결정을 기다린다. 그리고 혹독하고 긴 겨울이 가면 희망찬 봄이 내 조국 대한민국에도 분명 찾아오리라는 굳은 믿음을 가지고.

반드시, 윤석열

국민이 부른 대통령
국민이 지킨다

지 은 이 | 석동현

만 든 이 | 최수경

초 　 　판 | 2022년 1월 20일

개정증보2판 | 2025년 3월 17일

만 든 곳 | 글마당 앤 아이디얼북스
　　　　　 (출판등록 제2022-000073호)
　　　　　 경기도 파주시 문발로 240-2

전　　　화 | 02)786-4284

팩　　　스 | 02)6280-9003

이　　　멜 | madang52@naver.com
　　　　　 www.morningfocus.net

I S B N | 979-11-93096-10-9(03340)

책값 15,000원